# Molière
## *Le Médecin volant* (1645)
## *L'Amour médecin* (1665)

Texte intégral

LE DOSSIER
**Deux comédies sur le mariage**

L'ENQUÊTE
**La condition des femmes au XVIIe siècle**

Notes et dossier
**Laurence de Vismes Mokrani**
certifiée de lettres modernes

Collection dirigée par
**Bertrand Louët**

# Sommaire

### OUVERTURE

*Madeleine Béjart (1618-1672) incarnant
Madelon dans Les Précieuses ridicules
de Molière (vers 1659) (collection particulière).*

© Hatier, Paris, 2012
ISBN : 978-2-218-96283-7

## LE DOSSIER

### Deux comédies sur le mariage

## L'ENQUÊTE

Tous les mots suivis d'un * sont expliqués dans le lexique p. 112.

# Le Médecin volant

## Les rôles principaux

**GORGIBUS, LUCILE ET VALÈRE**

Gorgibus est le père de Lucile. Très autoritaire, il veut marier sa fille à Villebrequin, qui est vieux mais riche. Lucile, jeune fille amoureuse, est prête à tout pour épouser Valère. Mais comment faire quand on doit obéir à son père et se taire ? Valère ne sait comment arriver à ses fins. Heureusement, son domestique Sganarelle va accepter de l'aider.

**SGANARELLE ET SABINE**

Sganarelle est le valet* de Valère : rusé, malin, débrouillard, il a plus d'un tour dans son sac et trompera Gorgibus à plusieurs reprises. Sabine est la cousine de Lucile, et aussi sa confidente. Elle a l'idée de la ruse qui fera échouer les projets de Gorgibus.

## Les seconds rôles

**GROS-RENÉ**

Valet de Gorgibus, il n'est pas bête et comprend avant son maître les ruses de Sganarelle.

**L'AVOCAT**

Comme tous les savants, il est un peu pédant : il veut montrer son savoir et profite de toutes les occasions pour parler latin.

**Les circonstances**

La pièce se déroule dans la maison de Gorgibus, qui possède un grand jardin, et dans les environs. Le moment de l'action n'est pas précisé, mais on comprend que l'histoire se passe à l'époque de Molière, c'est-à-dire au XVIIe siècle.

**L'action**

**1.** Valère est désespéré : il est amoureux de Lucile, que son père veut marier à un vieil homme, Villebrequin. Comment faire ? Il n'a aucun moyen d'entrer en contact avec la jeune fille et vient demander conseil à Sabine, qui a une idée.

**2.** Il faut que Lucile fasse semblant d'être malade et que Sganarelle, le domestique de Valère, se déguise en médecin. Ainsi, il sera facile d'éloigner la jeune fille de la maison de son père ; Valère pourra la rencontrer, et même l'épouser ! Sganarelle joue son rôle à merveille, mais Gorgibus arrive et va découvrir la supercherie !

**Le but** En écrivant cette pièce, Molière voulait se moquer des parents qui forcent leur fille à un « mariage arrangé ». Il voulait aussi faire la satire* de la médecine de son époque, en caricaturant les médecins et leurs manières.

# L'Amour médecin

## Les rôles principaux

### SGANARELLE, LUCINDE, CLITANDRE ET LISETTE

Sganarelle est le père de Lucinde. Il aime beaucoup sa fille, mais il est autoritaire et voudrait la garder près de lui. Il n'accepte pas qu'elle veuille se marier. Lucinde se désespère de ne pouvoir épouser Clitandre, prêt à tout pour épouser celle qu'il aime. Lisette, servante* de Lucinde, est une jeune femme dégourdie. Elle va mettre au point une ruse pour aider les deux amoureux.

### LES MÉDECINS

Ce sont des incapables ! Appelés dans la maison de Sganarelle pour soigner Lucinde, ils ne peuvent se mettre d'accord et ne font que se disputer.

## Les seconds rôles

**AMINTE, LUCRÈCE, M. GUILLAUME, M. JOSSE** sont des voisins ou des parents de Sganarelle : ils bavardent avec lui et lui donnent des avis ou des conseils.

### L'OPÉRATEUR
C'est une sorte de pharmacien, qui vend l'orviétan (médicament servant d'antidote, et considéré comme un remède universel).

### LE NOTAIRE
On l'appelle pour rédiger des actes importants, comme les contrats de mariage…

## Les circonstances

La pièce se déroule dans la maison de Sganarelle, où tous les personnages passent et se retrouvent. Le moment n'est pas précisé, mais on comprend que l'histoire se déroule à l'époque de Molière, c'est-à-dire au XVIIᵉ siècle (la pièce a été écrite en 1665).

## L'action

**1.** Sganarelle est très inquiet : sa fille unique, Lucinde, est très triste et il ne sait pas pourquoi. Mais quand il apprend qu'elle est amoureuse de Clitandre, il fait semblant de ne pas comprendre : il veut garder sa fille pour lui, et refuse qu'elle se marie.

**2.** Heureusement, la servante Lisette est rusée : elle fait croire à Sganarelle que Lucinde est très malade. On appelle plusieurs médecins, qui n'arrivent pas à se mettre d'accord, se disputent et proposent différents traitements... Lisette fait alors entrer dans la maison Clitandre qui s'est déguisé en médecin.

## Le but

Ici encore, Molière voulait faire rire le public en se moquant de certaines personnes : les pères abusifs, qui ne veulent pas laisser leurs filles épouser ceux qu'elles aiment, et les médecins de son époque, qui ressemblent davantage à des charlatans...

# Qui est l'auteur ?

## Jean-Baptiste Poquelin (1622-1673)

### ● UNE ENFANCE ORDINAIRE

Jean-Baptiste Poquelin nait à Paris le 13 ou 14 janvier 1622. Son père est marchand de tissus et deviendra bientôt tapissier du Roi. L'enfant peut donc aller dans un bon collège et faire des études d'avocat. Mais il rencontre la comédienne Madeleine Béjart et décide de devenir comédien*.

### ● UN DÉBUT DE CARRIÈRE DIFFICILE

Le 30 juin 1643, il s'associe avec Madeleine Béjart et fonde une troupe : *L'Illustre Théâtre*. Il change de nom et se fait appeler Molière. Sa troupe donne des représentations ambulantes dans toute la France pendant une dizaine d'années. Pendant trois ans, le prince de Conti lui verse une pension. Mais ce soutien ne dure pas : à l'époque, on considère que jouer la comédie est contraire aux bonnes mœurs et à la religion.

### ● UN SUCCÈS EXTRAORDINAIRE

En 1658, Molière revient à Paris et présente ses propres textes. Cela plaît beaucoup à Louis XIV qui lui donne le droit de s'installer dans la salle du Palais-Royal. Molière travaille avec le compositeur Lully et crée des comédies-ballets, comme *Le Bourgeois Gentilhomme* en 1670. Mais, malade, il meurt à 51 ans, après avoir joué *Le Malade imaginaire*, en 1673. Quelques années après, le Roi décide d'associer ses comédiens à une autre troupe parisienne, créant ainsi la Comédie-Française, qu'on appelle encore aujourd'hui la « maison de Molière ».

| | 1622 | 1643 | 1645-1658 | 1660 |
|---|---|---|---|---|
| **VIE DE MOLIÈRE** | Naissance de Molière à Paris | Molière fonde l'Illustre Théâtre | Représentations ambulantes dans toute la France | Molière s'installe dan la salle du Palais-Roy |
| | **1641** | **1643** | | **1648-1652** |
| **HISTOIRE** | Louis XIII proclame la « dignité du métier de comédien » | Mort de Louis XIII. Louis XIV, âgé de 5 ans, devient roi de France, Anne d'Autriche est Régente | | La Fronde : révolte des nobles contre le F |

# Que se passe-t-il à l'époque ?

## Sur le plan politique

### ● LA MONARCHIE ABSOLUE

Après la Régence de sa mère Anne d'Autriche, Louis XIV veut exercer le pouvoir sans aucun partage. Il prend toutes les décisions et exerce son autorité dans tous les domaines.

### ● LA GUERRE EN PERMANENCE

Louis XIV est un roi-soldat : les armées royales sont immenses ; l'architecte Vauban fait édifier des fortifications célèbres ; de nombreux arsenaux construisent des navires de guerre...

### ● HÉROÏSME ET GRANDEUR

La France agrandit donc ses territoires et impose son pouvoir. Mais le peuple souffre beaucoup de cet état de guerre permanent : les soldats sont recrutés presque de force, les campagnes sont ravagées par les combats, des villages entiers pillés et massacrés.

## Dans le domaine littéraire

### ● LE DÉVELOPPEMENT DES ARTS

Le Roi veut un château à sa mesure : il ordonne la construction de Versailles, dont les ors doivent refléter l'éclat du « Roi-Soleil ». Il favorise l'essor des arts. En 1634 a été créée l'Académie française. Elle rédige une grammaire et le premier dictionnaire du français.

### ● LA MODE DES SALONS

La haute société se réunit régulièrement dans les Salons et y pratique des jeux littéraires (poésies, madrigaux, maximes...). Elle veut briller par son intelligence et son savoir.

### ● ANCIENS ET MODERNES

On commence à penser que les auteurs « modernes » ont autant de talent que les « anciens ». De même, la comédie acquiert peu à peu prestige et succès, notamment grâce à Molière.

# Le Médecin volant
## suivi de *L'Amour médecin*

# Le Médecin volant

## LES PERSONNAGES

VALÈRE, *amant de Lucile.*
SABINE, *cousine de Lucile.*
SGANARELLE, *valet de Valère.*
GORGIBUS, *père de Lucile.*
GROS-RENÉ, *valet de Gorgibus.*
LUCILE, *fille de Gorgibus.*
*Un avocat.*

## SCÈNE 1 – Valère, Sabine

VALÈRE. – Hé bien ! Sabine, quel conseil me donneras-tu ?

SABINE. – Vraiment, il y a bien des nouvelles. Mon oncle veut résolument[1] que ma cousine épouse Villebrequin, et les affaires sont tellement avancées que je crois qu'ils eussent été mariés dès aujourd'hui, si vous n'étiez aimé ; mais comme ma cousine m'a confié le secret de l'amour qu'elle vous porte, et que nous nous sommes vues à l'extrémité par[2] l'avarice de mon vilain oncle, nous nous sommes avisées d'une bonne invention pour différer le mariage. C'est que ma cousine, dès l'heure que je vous parle, contrefait la malade[3] ; et le bon vieillard, qui est assez crédule, m'envoie quérir un médecin. Si vous en pouviez envoyer quelqu'un qui fût de vos bons amis, et qui fût de notre intelligence[4], il conseillerait à la malade de prendre l'air à la campagne. Le bonhomme ne manquera pas de faire loger ma cousine à ce pavillon qui est au bout de notre jardin, et par ce moyen vous pourriez l'entretenir à l'insu de notre vieillard, l'épouser, et le laisser pester tout son soûl[5] avec Villebrequin.

---

1. **Mon oncle veut résolument** : mon oncle est tout à fait décidé à ce que...
2. **Nous nous sommes vues à l'extrémité par** : nous avons compris que nous ne pouvions rien faire à cause de...
3. **Contrefait la malade** : elle fait semblant d'être malade.
4. **Qui fût de notre intelligence** : qui soit de notre côté, qui veuille nous aider.
5. **Tout son soûl** : autant qu'il veut.

VALÈRE. – Mais le moyen de trouver sitôt un médecin à ma poste,
et qui voulût tant hasarder pour mon service[1] ? Je te le dis
franchement, je n'en connais pas un.

SABINE. – Je songe une chose : si vous faisiez habiller votre
valet en médecin ? Il n'y a rien de si facile à duper[2] que le
bonhomme.

VALÈRE. – C'est un lourdaud qui gâtera tout ; mais il faut s'en
servir faute d'autre. Adieu, je le vais chercher. Où diable trouver
ce maroufle[3] à présent ? Mais le voici tout à propos.

## SCÈNE 2 – VALÈRE, SGANARELLE

VALÈRE. – Ah ! mon pauvre Sganarelle, que j'ai de joie de te
voir ! J'ai besoin de toi dans une affaire de conséquence ; mais,
comme que je ne sais pas ce que tu sais faire...

SGANARELLE. – Ce que je sais faire, Monsieur ? Employez-moi
seulement en vos affaires de conséquence, en quelque chose
d'importance : par exemple, envoyez-moi voir quelle heure
il est à une horloge, voir combien le beurre vaut au marché,
abreuver un cheval ; c'est alors que vous connaîtrez ce que je
sais faire.

VALÈRE. – Ce n'est pas cela : c'est qu'il faut que tu contrefasses
le médecin.

---

1. **Qui voulût tant hasarder pour mon service** :
   qui me convienne, qui accepte de prendre
   des risques pour moi.
2. **Duper** : tromper.
3. **Maroufle** : mot employé pour se moquer
   d'une personne lourde, peu intelligente.

SGANARELLE. – Moi, médecin, Monsieur ! Je suis prêt à faire
40    tout ce qu'il vous plaira ; mais pour faire le médecin, je suis
assez votre serviteur pour n'en rien faire du tout ; et par quel
bout m'y prendre, bon Dieu ? Ma foi ! Monsieur, vous vous
moquez de moi.

VALÈRE. – Si tu veux entreprendre cela, va, je te donnerai dix
45    pistoles.

SGANARELLE. – Ah ! pour dix pistoles, je ne dis pas que je ne sois
médecin ; car, voyez-vous bien, Monsieur ? je n'ai pas l'esprit
tant, tant subtil, pour vous dire la vérité ; mais, quand je serai
médecin, où irai-je ?

50    VALÈRE. – Chez le bonhomme Gorgibus, voir sa fille, qui est
malade ; mais tu es un lourdaud qui, au lieu de bien faire,
pourrais bien...

SGANARELLE. – Hé ! mon Dieu, Monsieur, ne soyez point
en peine ; je vous réponds que je ferai aussi bien mourir
55    une personne qu'aucun médecin qui soit dans la ville[1].
On dit un proverbe, d'ordinaire : *Après la mort le médecin* ;
mais vous verrez que, si je m'en mêle, on dira : *Après le
médecin, gare la mort !* Mais néanmoins, quand je songe,
cela est bien difficile de faire le médecin ; et si je ne fais
60    rien qui vaille[2]... ?

VALÈRE. – Il n'y a rien de si facile en cette rencontre : Gorgibus
est un homme simple, grossier, qui se laissera étourdir de ton
discours, pourvu que tu parles d'Hippocrate et de Galien●, et
que tu sois un peu effronté.

---

1. **Aussi bien [...] qu'aucun médecin qui soit
dans la ville** : aussi bien que n'importe quel
médecin de la ville.
2. **Rien qui vaille** : rien de bon.

● Hippocrate et Galien sont deux
médecins célèbres de l'Antiquité,
qui ont influencé la médecine moderne
par leurs découvertes.

65 SGANARELLE. – C'est-à-dire qu'il lui faudra parler philosophie, mathématique. Laissez-moi faire ; s'il est un homme facile, comme vous le dites, je vous réponds de tout ; venez seulement me faire avoir un habit de médecin, et m'instruire de ce qu'il faut faire, et me donner mes licences[1], qui sont les dix pistoles
70 promises.

## SCÈNE 3 – GORGIBUS, GROS-RENÉ

GORGIBUS. – Allez vitement chercher un médecin ; car ma fille est bien malade, et dépêchez-vous.

GROS-RENÉ. – Que diable aussi ! pourquoi vouloir donner votre fille à un vieillard ? Croyez-vous que ce ne soit pas le désir
75 qu'elle a d'avoir un jeune homme qui la travaille ? Voyez-vous la connexité qu'il y a, etc. *(Galimatias[2].)*

GORGIBUS. – Va-t'en vite : je vois bien que cette maladie-là reculera bien les noces.

GROS-RENÉ. – Et c'est ce qui me fait enrager : je croyais refaire
80 mon ventre d'une bonne carrelure[3], et m'en voilà sevré[4]. Je m'en vais chercher un médecin pour moi aussi bien que pour votre fille ; je suis désespéré.

---

1. **Licences** : diplômes universitaires donnant le droit d'exercer une profession.
2. **Galimatias** : paroles embrouillées et confuses (sorte de charabia). Le comédien peut compléter comme il veut les paroles de Gros-René.
3. **Une bonne carrelure** : un bon repas.
4. **M'en voilà sevré** : j'en suis privé.

## SCÈNE 4 – SABINE, GORGIBUS, SGANARELLE

SABINE. – Je vous trouve à propos[1], mon oncle, pour vous apprendre une bonne nouvelle. Je vous amène le plus habile médecin du monde, un homme qui vient des pays étrangers, qui sait les plus beaux secrets, et qui sans doute guérira ma cousine. On me l'a indiqué par bonheur, et je vous l'amène. Il est si savant que je voudrais de bon cœur être malade, afin qu'il me guérît.

GORGIBUS. – Où est-il donc ?

SABINE. – Le voilà qui me suit ; tenez, le voilà.

GORGIBUS. – Très humble serviteur● à Monsieur le médecin ! Je vous envoie quérir pour voir ma fille, qui est malade ; je mets toute mon espérance en vous.

SGANARELLE. – Hippocrate dit, et Galien par vives raisons persuade qu'une personne ne se porte pas bien quand elle est malade. Vous avez raison de mettre votre espérance en moi ; car je suis le plus grand, le plus habile, le plus docte médecin qui soit dans la faculté végétale, sensitive et minérale.

GORGIBUS. – J'en suis fort ravi.

SGANARELLE. – Ne vous imaginez pas que je sois un médecin ordinaire, un médecin du commun. Tous les autres médecins ne sont, à mon égard, que des avortons de médecine. J'ai des talents particuliers, j'ai des secrets. *Salamalec, salamalec.* « Rodrigue, as-tu du cœur ? » *Signor,*

---

1. **Je vous trouve à propos** : vous tombez bien.

● « Très humble serviteur » est une formule de politesse signifiant « Je vous salue avec respect ».

si ; *signor, non. Per omnia saecula saeculorum*●. Mais encore voyons un peu●.

SABINE. – Hé ! ce n'est pas lui qui est malade, c'est sa fille.

SGANARELLE. – Il n'importe : le sang du père et de la fille ne sont
110 qu'une même chose ; et par l'altération de celui du père, je puis connaître la maladie de la fille. Monsieur Gorgibus, y aurait-il moyen de voir de l'urine de l'égrotante[1] ?

GORGIBUS. – Oui-da ; Sabine, vite allez quérir de l'urine de ma fille. Monsieur le médecin, j'ai grand'peur qu'elle ne meure.

115 SGANARELLE. – Ah ! qu'elle s'en garde bien ! il ne faut pas qu'elle s'amuse à se laisser mourir sans l'ordonnance du médecin. Voilà de l'urine qui marque grande chaleur, grande inflammation dans les intestins : elle n'est pas tant mauvaise pourtant.

120 GORGIBUS. – Hé quoi ? Monsieur, vous l'avalez ?

SGANARELLE. – Ne vous étonnez pas de cela ; les médecins, d'ordinaire, se contentent de la regarder ; mais moi, qui suis un médecin hors du commun, je l'avale, parce qu'avec le goût je discerne bien mieux la cause et les suites de la maladie.

---

1. L'égrotante : la malade, la souffrante.

● Sganarelle mélange des phrases qui n'ont aucun rapport entre elles, dans différentes langues. *Salamalec* est une formule de salutation arabe. « Rodrigue, as-tu du cœur ? » est une réplique tirée du *Cid*, une pièce de Corneille. *Signor si, segnor non* est une phrase en mauvais italien. Enfin, *Per omnia saecula saeculorum* est une formule latine employée à la fin de certaines prières chrétiennes, et signifiant « pour les siècles des siècles ».

● Sganarelle se tourne vers Gorgibus et lui prend le pouls pour l'examiner.

Le Médecin volant, *mise en scène de Dario Fo avec Christian Blanc et Dominique Rozan, Théâtre de la Comédie-Française, Paris (1990).*

125 Mais, à vous dire la vérité, il y en avait trop peu pour asseoir un bon jugement : qu'on la fasse encore pisser.

SABINE. – J'ai bien eu de la peine à la faire pisser.

SGANARELLE. – Que cela ? voilà bien de quoi ! Faites-la pisser copieusement, copieusement. Si tous les malades pissent de
130 la sorte, je veux être médecin toute ma vie.

SABINE. – Voilà tout ce qu'on peut avoir : elle ne peut pas pisser davantage.

SGANARELLE. – Quoi ? Monsieur Gorgibus, votre fille ne pisse que des gouttes ! voilà une pauvre pisseuse que votre fille ; je
135 vois bien qu'il faudra que je lui ordonne une potion pissative. N'y aurait-il pas moyen de voir la malade ?

SABINE. – Elle est levée ; si vous voulez, je la ferai venir.


## SCÈNE 5 – Lucile, Sabine, Gorgibus, Sganarelle

SGANARELLE. – Hé bien ! Mademoiselle, vous êtes malade ?

LUCILE. – Oui, Monsieur.

140 SGANARELLE. – Tant pis ! c'est une marque que vous ne vous portez pas bien. Sentez-vous de grandes douleurs à la tête, aux reins ?

LUCILE. – Oui, Monsieur.

SGANARELLE. – C'est fort bien fait. Oui, ce grand médecin, au
145 chapitre qu'il a fait de la nature des animaux, dit... cent belles choses ; et comme les humeurs●  qui ont de la connexité ont

● Selon Galien et Hippocrate, quatre substances liquides permettent au corps de fonctionner et constituent les tempéraments : ce sont les humeurs (le flegme, le sang, la bile et l'atrabile). Quand ces humeurs se dérèglent, cela provoque une maladie.

beaucoup de rapport ; car, par exemple, comme la mélancolie est
ennemie de la joie, et que la bile qui se répand par le corps nous
fait devenir jaunes, et qu'il n'est rien plus contraire à la santé que
150    la maladie, nous pouvons dire, avec ce grand homme, que votre
fille est fort malade. Il faut que je vous fasse une ordonnance.

GORGIBUS. – Vite une table, du papier, de l'encre.

SGANARELLE. – Y a-t-il ici quelqu'un qui sache écrire ?

GORGIBUS. – Est-ce que vous ne le savez point ?

155    SGANARELLE. – Ah ! je ne m'en souvenais pas ; j'ai tant d'affaires
dans la tête, que j'oublie la moitié... – Je crois qu'il serait
nécessaire que votre fille prît un peu l'air, qu'elle se divertît à
la campagne.

GORGIBUS. – Nous avons un fort beau jardin, et quelques
160    chambres qui y répondent[1] ; si vous le trouvez à propos, je l'y
ferai loger.

SGANARELLE. – Allons, allons visiter les lieux.


## SCÈNE 6 – L'avocat

J'ai ouï dire que la fille de M. Gorgibus était malade : il faut que je
m'informe de sa santé, et que je lui offre mes services comme
165    ami de toute sa famille. Holà ! holà ! M. Gorgibus y est-il ?

---

1. **Nous avons [...] qui y répondent** : nous avons
   quelques chambres qui donnent sur le jardin.

## SCÈNE 7 – Gorgibus, L'avocat

GORGIBUS. – Monsieur, votre très humble, etc. ●

L'AVOCAT. – Ayant appris la maladie de Mademoiselle votre fille, je vous suis venu témoigner la part que j'y prends, et vous faire offre de tout ce qui dépend de moi.

170 GORGIBUS. – J'étais là dedans avec le plus savant homme.

L'AVOCAT. – N'y aurait-il pas moyen de l'entretenir un moment[1] ?

## SCÈNE 8 – Gorgibus, L'avocat, Sganarelle

GORGIBUS. – Monsieur, voilà un fort habile homme de mes amis qui souhaiterait de vous parler et vous entretenir.

SGANARELLE. – Je n'ai pas le loisir, monsieur Gorgibus : il faut

175 aller à mes malades. Je ne prendrai pas la droite avec vous, Monsieur[2].

L'AVOCAT. – Monsieur, après ce que m'a dit monsieur Gorgibus de votre mérite et de votre savoir, j'ai eu la plus grande passion du monde d'avoir l'honneur de votre connaissance, et j'ai pris

180 la liberté de vous saluer à ce dessein[3] : je crois que vous ne le trouverez pas mauvais. Il faut avouer que tous ceux qui excellent en quelque science sont dignes de grande louange, et particulièrement ceux qui font profession de la médecine, tant à cause de son utilité, que parce qu'elle contient en elle

185 plusieurs autres sciences, ce qui rend sa parfaite connaissance

---

1. **N'y [...] un moment ?** : est-ce qu'il serait possible que je lui parle un instant ?
2. **Je ne prendrai pas [...], Monsieur** : Sganarelle n'a pas très envie de parler à l'avocat.
3. **J'ai pris [...] à ce dessein** : c'est pourquoi je me suis permis de venir vous saluer.

● Par *etc.*, Molière indique au comédien qu'il peut compléter à sa guise les paroles prononcées par Gorgibus.

fort difficile ; et c'est fort à propos qu'Hippocrate dit dans son premier aphorisme : *Vita brevis, ars vero longa, occasio autem praeceps, experimentum periculosum, judicium difficile.*[1]

SGANARELLE, à Gorgibus. – *Ficile tantina pota baril cambustibus.*●

190 L'AVOCAT. – Vous n'êtes pas de ces médecins qui ne vous appliquez qu'à la médecine qu'on appelle rationale ou dogmatique[2], et je crois que vous l'exercez tous les jours avec beaucoup de succès : *experentia magistra rerum*[3]. Les premiers hommes qui firent profession de la médecine furent tellement

195 estimés d'avoir cette belle science, qu'on les mit au nombre des Dieux pour les belles cures● qu'ils faisaient tous les jours. Ce n'est pas qu'on doive mépriser un médecin qui n'aurait pas rendu la santé à son malade, parce qu'elle ne dépend pas absolument de ses remèdes, ni de son savoir :

200 *Interdum docta plus valet arte malum.*[4]

Monsieur, j'ai peur de vous être importun : je prends congé de vous, dans l'espérance que j'ai qu'à la première vue j'aurai l'honneur de converser avec vous avec plus de loisir. Vos heures vous sont précieuses, etc. *(Il sort.)*

205 GORGIBUS. – Que vous semble de cet homme-là ?

SGANARELLE. – Il sait quelque petite chose. S'il fût demeuré tant soit peu davantage, je l'allais mettre sur une matière sublime

---

1. *Vita brevis [...] judicium difficile* : « La vie est courte, l'art est long à acquérir, l'occasion fugitive, l'expérience périlleuse et le jugement difficile. »

2. *Vous n'êtes pas [...] ou dogmatique* : vous ne restez pas dans la théorie, vous vous intéressez aux cas pratiques.

3. *Experentia magistra rerum* : « L'expérience est maîtresse des choses. »

4. *Interdum docta plus valet arte malum* : « Parfois la maladie est plus forte que l'art du savant. »

● Sganarelle invente des mots qui ne veulent rien dire, en faux latin.

● Une cure : un traitement. Les médecins sont réputés pour les cures, c'est-à-dire les traitements, les soins qu'ils donnent aux malades.

et relevée[1]. Cependant, je prends congé de vous. *(Gorgibus lui donne de l'argent.)* Hé ! que voulez-vous faire ?

210 GORGIBUS. – Je sais bien ce que je vous dois.

SGANARELLE. – Vous vous moquez, monsieur Gorgibus. Je n'en prendrai pas, je ne suis pas un homme mercenaire. *(Il prend l'argent.)* Votre très humble serviteur. *(Sganarelle sort et Gorgibus rentre dans sa maison.)*

## SCÈNE 9 – VALÈRE

215 Je ne sais ce qu'aura fait Sganarelle : je n'ai point eu de ses nouvelles, et je suis fort en peine où je le pourrais rencontrer. *(Sganarelle revient en habit de valet.)* Mais bon, le voici. Hé bien ! Sganarelle, qu'as-tu fait depuis que je ne t'ai point vu[2] ?

## SCÈNE 10 – SGANARELLE, VALÈRE

SGANARELLE. – Merveille sur merveille : j'ai si bien fait que
220 Gorgibus me prend pour un habile médecin. Je me suis introduit chez lui, et lui ai conseillé de faire prendre l'air à sa fille, laquelle est à présent dans un appartement qui est au bout de leur jardin, tellement qu'elle est fort éloignée du vieillard, et que vous pouvez l'aller voir commodément.

225 VALÈRE. – Ah ! que tu me donnes de joie ! Sans perdre de temps, je la vais trouver de ce pas.

---

1. **S'il [...] et relevée** : s'il était resté davantage, j'aurais discuté avec lui de choses importantes et difficiles.
2. **Qu'as-tu fait depuis que je ne t'ai point vu ?** : qu'as-tu fait depuis que nous nous sommes quittés ?

SGANARELLE. – Il faut avouer que ce bonhomme Gorgibus est un vrai lourdaud de se laisser tromper de la sorte. *(Apercevant Gorgibus)* Ah ! ma foi, tout est perdu : c'est à ce coup que voilà la médecine renversée, mais il faut que je le trompe.

230

### SCÈNE 11 – SGANARELLE, GORGIBUS

GORGIBUS. – Bonjour, Monsieur.

SGANARELLE. – Monsieur, votre serviteur. Vous voyez un pauvre garçon au désespoir ; ne connaissez-vous pas un médecin qui est arrivé depuis peu en cette ville, qui fait des cures admirables ?

235

GORGIBUS. – Oui, je le connais : il vient de sortir de chez moi.

SGANARELLE. – Je suis son frère, monsieur ; nous sommes gémeaux[1] ; et comme nous nous ressemblons fort, on nous prend quelquefois l'un pour l'autre.

240 GORGIBUS. – Je [me] dédonne au diable[2] si je n'y ai été trompé. Et comme vous nommez-vous ?

SGANARELLE. – Narcisse, Monsieur, pour vous rendre service. Il faut que vous sachiez qu'étant dans son cabinet, j'ai répandu deux fioles d'essence● qui étaient sur le bout de sa table ;

245 aussitôt il s'est mis dans une colère si étrange contre moi, qu'il m'a mis hors du logis, et ne me veut plus jamais voir, tellement que je suis[3] un pauvre garçon à présent sans appui, sans support, sans aucune connaissance.

---

1. **Gémeaux** : jumeaux.
2. **Je [me] dédonne au diable** : Je donne mon âme au diable.
3. **Tellement que je suis** : si bien que je suis...

● Deux petits flacons d'essence. L'essence est un extrait très concentré de plantes ou de fleurs, difficile à fabriquer et coûtant donc très cher.

GORGIBUS. – Allez, je ferai votre paix : je suis de ses amis, et je vous promets de vous remettre avec lui. Je lui parlerai d'abord que je le verrai[1].

SGANARELLE. – Je vous serai bien obligé, monsieur Gorgibus.

*(Sganarelle sort et rentre aussitôt avec sa robe de médecin.)*

## SCÈNE 12 – SGANARELLE, GORGIBUS

SGANARELLE. – Il faut avouer que, quand les malades ne veulent pas suivre l'avis du médecin, et qu'ils s'abandonnent à la débauche que...

GORGIBUS. – Monsieur le Médecin, votre très humble serviteur. Je vous demande une grâce.

SGANARELLE. – Qu'y a-t-il, Monsieur ? est-il question de vous rendre service ?

GORGIBUS. – Monsieur, je viens de rencontrer Monsieur votre frère, qui est tout à fait fâché de...

SGANARELLE. – C'est un coquin, monsieur Gorgibus.

GORGIBUS. – Je vous réponds qu'il est tellement contrit de vous avoir mis en colère...

SGANARELLE. – C'est un ivrogne, monsieur Gorgibus.

GORGIBUS. – Hé ! Monsieur, vous voulez désespérer ce pauvre garçon ?

SGANARELLE. – Qu'on ne m'en parle plus ; mais voyez l'impudence de ce coquin-là, de vous aller trouver pour faire son accord[2] ; je vous prie de ne m'en pas parler.

---

1. **Je vous promets [...] d'abord que je le verrai** : je vous promets de vous réconcilier avec lui. Je lui parlerai dès que je le verrai.
2. **Mais voyez [...] faire son accord** : ce coquin-là exagère vraiment de vous demander de l'aider !

GORGIBUS. – Au nom de Dieu, Monsieur le Médecin ! et faites cela pour l'amour de moi. Si je suis capable de vous obliger[1] en autre chose, je le ferai de bon cœur. Je m'y suis engagé, et...

275 SGANARELLE. – Vous m'en priez avec tant d'insistance que, quoique j'eusse fait serment de ne lui pardonner jamais, allez, touchez là : je lui pardonne. Je vous assure que je me fais grande violence, et qu'il faut que j'aie bien de la complaisance pour vous. Adieu, monsieur Gorgibus.

280 GORGIBUS. – Monsieur, votre très humble serviteur ; je m'en vais chercher ce pauvre garçon pour lui apprendre cette bonne nouvelle.

## SCÈNE 13 – Valère, Sganarelle

VALÈRE. – Il faut que j'avoue que je n'eusse jamais cru que Sganarelle se fût si bien acquitté de son devoir. *(Sganarelle*
285 *rentre avec ses habits de valet.)* Ah ! mon pauvre garçon, que je t'ai d'obligation ! que j'ai de joie ! et que...

SGANARELLE. – Ma foi, vous parlez fort à votre aise. Gorgibus m'a rencontré ; et sans une invention que j'ai trouvée, toute la mèche était découverte[2]. Mais fuyez-vous-en[3], le voici.

## SCÈNE 14 – GORGIBUS, SGANARELLE

290 GORGIBUS. – Je vous cherchais partout pour vous dire que j'ai parlé à votre frère : il m'a assuré qu'il vous

---

1. **Obliger quelqu'un** : lui rendre service. Ici : si je peux vous rendre service à mon tour, de quelque façon que ce soit...
2. **Sans une invention [...] découverte** : si je n'avais pas trouvé une ruse, il aurait découvert la supercherie.
3. **Mais fuyez-vous-en** : sauvez-vous vite.

pardonnait ; mais, pour en être plus assuré, je veux qu'il vous embrasse en ma présence ; entrez dans mon logis, et je l'irai chercher.

295 SGANARELLE. – Ah ! Monsieur Gorgibus, je ne crois pas que vous le trouviez à présent ; et puis je ne resterai pas chez vous ; je crains trop sa colère.

GORGIBUS. – Ah ! vous demeurerez[1], car je vous enfermerai. Je m'en vais à présent chercher votre frère : ne craignez rien, je
300 vous réponds qu'il n'est plus fâché. *(Il sort.)*

SGANARELLE, *de la fenêtre.* – Ma foi, me voilà attrapé ce coup-là ; il n'y a plus moyen de m'en échapper. Le nuage est fort épais, et j'ai bien peur que, s'il vient à crever, il ne grêle sur mon dos force coups de bâton•, ou que, par quelque ordonnance plus
305 forte que toutes celles des médecins, on m'applique tout au moins un cautère royal sur les épaules•. Mes affaires vont mal ; mais pourquoi se désespérer ? Puisque j'ai tant fait, poussons la fourbe jusques au bout[2]. Oui, oui, il en faut encore sortir, et faire voir que Sganarelle est le roi des fourbes.• *(Il saute de la*
310 *fenêtre et s'en va.)*

---

1. **Vous demeurerez** : vous resterez ici.
2. **Puisque [...] au bout** : puisque j'en suis là, autant continuer à tromper les gens...

● Sganarelle veut dire que les choses se gâtent pour lui... ( Nous dirions « Le temps se gâte ».)

● À l'époque de Molière, on faisait une marque indélébile à l'aide d'un cautère (fer rougi) sur l'épaule des malfaiteurs ou des voleurs. Sganarelle a peur de subir ce châtiment, ou d'être condamné à une bastonnade (coups de bâton donnés par le bourreau, en public).

● Le fourbe (le trompeur) commet des fourberies (tromperies), et montre ainsi sa fourbe.

## SCÈNE 15 – Gros-René, Gorgibus, Sganarelle

GROS-RENÉ. – Ah ! ma foi, voilà qui est drôle ! comme diable on saute ici par les fenêtres ! Il faut que je demeure ici, et que je voie à quoi tout cela aboutira.

GORGIBUS. – Je ne saurais trouver ce médecin ; je ne sais où
315   diable il s'est caché. *(Apercevant Sganarelle qui revient en habit de médecin.)* Mais le voici, Monsieur, ce n'est pas assez d'avoir pardonné à votre frère ; je vous prie, pour ma satisfaction, de l'embrasser : il est chez moi, et je vous cherchais partout pour vous prier de faire cet accord en ma présence.

320   SGANARELLE. – Vous vous moquez, monsieur Gorgibus : n'est-ce pas assez que je lui pardonne ? Je ne le veux jamais voir.

GORGIBUS. – Mais, Monsieur, pour l'amour de moi.

SGANARELLE. – Je ne saurais rien refuser : dites-lui qu'il descende. *(Pendant que Gorgibus rentre dans sa maison par la*
325   *porte, Sganarelle y rentre par la fenêtre.)*

GORGIBUS, *à la fenêtre.* – Voilà votre frère qui vous attend là-bas : il m'a promis qu'il fera tout ce que je voudrai.

SGANARELLE, *à la fenêtre.* – Monsieur Gorgibus, je vous prie de le faire venir ici : je vous conjure que ce soit en particulier que
330   je lui demande pardon[1], parce que sans doute il me ferait cent hontes et cent opprobres devant tout le monde. *(Gorgibus sort de sa maison par la porte, et Sganarelle par la fenêtre.)*

GORGIBUS. – Oui-da, je m'en vais lui dire. Monsieur, il dit qu'il est honteux, et qu'il vous prie d'entrer, afin qu'il vous demande

---

1. **Je vous conjure [...] pardon** : je vous en supplie, je veux lui demander pardon en privé et non en public, parce qu'il va me faire honte devant tout le monde.

335 pardon en particulier. Voilà la clef, vous pouvez entrer ; je vous
supplie de ne me pas refuser et de me donner ce contentement.

SGANARELLE. – Il n'y a rien que je ne fasse pour votre satisfaction :
vous allez entendre de quelle manière je le vais traiter.
*(À la fenêtre.)* Ah ! te voilà, coquin. – Monsieur mon frère,
340 je vous demande pardon, je vous promets qu'il n'y a point
de ma faute. – Il n'y a point de ta faute, pilier de débauche,
coquin ? Va, je t'apprendrai à vivre. Avoir la hardiesse
d'importuner monsieur Gorgibus, de lui rompre la tête de tes
sottises ! – Monsieur mon frère... – Tais-toi, te dis-je. – Je ne
345 vous désoblig... – Tais-toi, coquin.

GROS-RENÉ. – Qui diable pensez-vous qui soit chez vous à
présent ?

GORGIBUS. – C'est le médecin et Narcisse son frère ; ils avaient
quelque différend, et ils font leur accord[1].

350 GROS-RENÉ. – Le diable emporte ! ils ne sont qu'un.

SGANARELLE, *à la fenêtre*. – Ivrogne que tu es, je t'apprendrai
à vivre. Comme il baisse la vue ! il voit bien qu'il a failli[2], le
pendard. Ah ! l'hypocrite, comme il fait le bon apôtre !

GROS-RENÉ. – Monsieur, dites-lui un peu par plaisir qu'il fasse
355 mettre son frère à la fenêtre.

GORGIBUS. – Oui-da, Monsieur le Médecin, je vous prie de faire
paraître votre frère à la fenêtre.

SGANARELLE, *de la fenêtre*. – Il est indigne de la vue des gens
d'honneur, et puis je ne le saurais souffrir auprès de moi[3].

---

1. **Ils avaient [...] leur accord** : ils étaient fâchés, et ils sont
en train de se réconcilier.
2. **Faillir** : faire une faute, être coupable.
3. **Je ne le saurais souffrir auprès de moi** : je ne pourrais
pas le supporter à côté de moi.

360 GORGIBUS. – Monsieur, ne me refusez pas cette grâce, après
toutes celles que vous m'avez faites.

SGANARELLE, *de la fenêtre.* – En vérité, monsieur Gorgibus, vous
avez un tel pouvoir sur moi que je ne vous puis rien refuser.
Montre, montre-toi, coquin. *(Après avoir disparu un moment,*
365 *il se remontre en habit de valet.)* – Monsieur Gorgibus, je suis
votre obligé. – *(Il disparaît encore, et reparaît aussitôt en robe de*
*médecin.)* Hé bien ! avez-vous vu cette image de la débauche ?

GROS-RENÉ. – Ma foi, ils ne sont qu'un, et, pour vous le prouver,
dites-lui un peu que vous les voulez voir ensemble.

370 GORGIBUS. – Mais faites-moi la grâce de le faire paraître avec
vous, et de l'embrasser devant moi à la fenêtre.

SGANARELLE, *de la fenêtre.* – C'est une chose que je refuserais à
tout autre qu'à vous : mais pour vous montrer que je veux tout
faire pour l'amour de vous, je m'y résous, quoique avec peine,
375 et veux auparavant qu'il vous demande pardon de toutes les
peines qu'il vous a données. – Oui, monsieur Gorgibus, je vous
demande pardon de vous avoir tant importuné, et vous promets,
mon frère, en présence de monsieur Gorgibus que voilà, de faire
si bien désormais, que vous n'aurez plus lieu de vous plaindre,
380 vous priant de ne plus songer à ce qui s'est passé. *(Il embrasse*
*son chapeau et sa fraise● qu'il a mis au bout de son coude.)*

GORGIBUS. – Hé bien ! ne les voilà pas tous deux ?

GROS-RENÉ. – Ah ! par ma foi, il est sorcier.

SGANARELLE, *sortant de la maison, en médecin.* – Monsieur, voilà
385 la clef de votre maison que je vous rends ; je n'ai pas voulu que

● La fraise est, au XVIIᵉ siècle, une sorte de
grand col plissé. Les médecins portaient
une robe noire avec un col blanc plissé,
ainsi qu'un grand chapeau pointu.

ce coquin soit descendu avec moi, parce qu'il me fait honte : je ne voudrais pas qu'on le vît en ma compagnie dans la ville, où je suis en quelque réputation. Vous irez le faire sortir quand bon vous semblera. Je vous donne le bonjour, et suis votre, etc.

390 *(Il feint de s'en aller, et, après avoir mis bas[1] sa robe, rentre dans la maison par la fenêtre.)*

GORGIBUS. – Il faut que j'aille délivrer ce pauvre garçon ; en vérité, s'il lui a pardonné, ce n'a pas été sans le bien maltraiter. *(Il entre dans sa maison, et en sort avec Sganarelle, en habit de valet.)*

395 SGANARELLE. – Monsieur, je vous remercie de la peine que vous avez prise et de la bonté que vous avez eue : je vous en serai obligé toute ma vie.

GROS-RENÉ. – Où pensez-vous que soit à présent le médecin ?

GORGIBUS. – Il s'en est allé.

400 GROS-RENÉ, *qui a ramassé la robe de Sganarelle*. – Je le tiens sous mon bras. Voilà le coquin qui faisait le médecin, et qui vous trompe. Cependant qu'il vous trompe et joue la farce chez vous, Valère et votre fille sont ensemble, qui s'en vont à tous les diables.

405 GORGIBUS. – Ah ! que je suis malheureux ! mais tu seras pendu, fourbe, coquin.

SGANARELLE. – Monsieur, qu'allez-vous faire de me pendre ? Écoutez un mot, s'il vous plaît : il est vrai que c'est par mon invention que mon maître est avec votre fille ; mais en le servant,

410 je ne vous ai point désobligé : c'est un parti sortable pour elle[2],

---

1. **Mettre bas** : ici, se débarrasser de quelque chose (Sganarelle fait semblant de s'en aller, enlève sa robe de médecin et rentre dans la maison de Gorgibus).
2. **Un parti sortable** : un mari qui lui convient, dont elle n'aura pas honte.

tant pour la naissance que pour les biens[1]. Croyez-moi, ne faites point un vacarme qui tournerait à votre confusion, et envoyez à tous les diables ce coquin-là, avec Villebrequin. Mais voici nos amants[2].

## SCÈNE DERNIÈRE – VALÈRE, LUCILE, GORGIBUS, SGANARELLE

415  SGANARELLE. – Nous nous jetons à vos pieds.

GORGIBUS. – Je vous pardonne, et suis heureusement trompé par Sganarelle, ayant un si brave gendre. Allons tous faire noces[3], et boire à la santé de toute la compagnie.

1. **Les biens** : la fortune, l'argent.
2. **Les amants** : les amoureux (ceux qui s'aiment).
3. **Faire noces** : fêter le mariage.

# L'Amour médecin

## *Comédie*

Représentée pour la première fois à Versailles
Par ordre du Roi
Le 15ᵉ septembre 1665
Et donnée depuis au public
À Paris sur le théâtre du Palais-Royal●
Le 22ᵉ du même mois de septembre 1665
Par la
Troupe du Roi●

● Richelieu avait ordonné la construction de ce théâtre en 1637, afin de casser le monopole d'une autre troupe théâtrale, celle de l'hôtel de Bourgogne. La troupe de Molière et le théâtre des Italiens se partagèrent la scène du Palais-Royal entre 1662 et 1673. Après la mort de Molière, Lully y installa l'Académie royale de musique.

● Molière est protégé par le Roi : celui-ci lui verse une pension et a donné à ses comédiens le nom de « Troupe du roi ».

## Au lecteur

Ce n'est ici qu'un simple crayon, un petit impromptu[1] dont le Roi a voulu se faire un divertissement. Il est le plus précipité de tous ceux que Sa Majesté m'ait commandés, et, lorsque je dirai qu'il a été proposé, fait, appris et représenté en cinq jours, je ne dirai que ce qui est vrai. Il n'est pas nécessaire de vous avertir qu'il y a beaucoup de choses qui dépendent de l'action : on sait bien que les comédies ne sont faites que pour être jouées, et je ne conseille de lire celle-ci qu'aux personnes qui ont des yeux pour découvrir dans la lecture tout le jeu du théâtre ● ; ce que je vous dirai, c'est qu'il serait à souhaiter que ces sortes d'ouvrages pussent toujours se montrer à vous avec les ornements qui les accompagnent chez le Roi. Vous les verriez dans un état beaucoup plus supportable, et les airs et les symphonies de l'incomparable M. Lully ●, mêlés à la beauté des voix et à l'adresse des danseurs, leur donnent, sans doute, des grâces dont ils ont toutes les peines du monde à se passer.

1. **Impromptu** : pièce improvisée, peu travaillée, écrite très rapidement pour divertir le Roi.

● Molière insiste sur le fait que cette comédie prend toute sa valeur lorsqu'elle est jouée sur scène. Si on se contente de la lire, il faut imaginer le jeu des comédiens...

● Lully est un compositeur qui a écrit des divertissements musicaux pour certaines comédies de Molière. L'auteur explique ici que la musique et la danse améliorent considérablement le texte qu'il a écrit.

# PERSONNAGES DU PROLOGUE

LA COMÉDIE.

LA MUSIQUE.

LE BALLET.

# PERSONNAGES DE LA COMÉDIE

SGANARELLE, *père de Lucinde.*

LUCINDE, *fille de Sganarelle.*

CLITANDRE, *amant de Lucinde.*

AMINTE, *voisine de Sganarelle.*

LUCRÈCE, *nièce de Sganarelle.*

LISETTE, *suivante de Lucinde.*

M. GUILLAUME, *vendeur de tapisseries.*

M. JOSSE, *orfèvre.*

M. TOMÈS.

M. DES FONANDRÈS

M. MACROTON } *médecins*

M. BAHYS.

M. FILERIN.

UN NOTAIRE.

CHAMPAGNE, *valet de Sganarelle.*

## PERSONNAGES DU BALLET

*Première entrée.*

Champagne, quatre médecins.

*Deuxième entrée.*

Un opérateur, Trivelins et Scaramouches.

*Troisième entrée.*

La comédie, La musique, Le ballet, Jeux, Ris, Plaisirs.

*La scène est à Paris dans une salle de la maison de Sganarelle.*

# Prologue

❧

LA COMÉDIE, LA MUSIQUE ET LE BALLET

LA COMÉDIE
Quittons, quittons notre vaine querelle,
Ne nous disputons point nos talents tour à tour,
      Et d'une gloire plus belle
           Piquons-nous en ce jour :
Unissons-nous tous trois d'une ardeur sans seconde,
5  Pour donner du plaisir au plus grand roi du monde.

TOUS TROIS
Unissons-nous...

LA COMÉDIE
De ses travaux, plus grands qu'on ne peut croire,
Il se vient quelquefois délasser parmi nous :
      Est-il de plus grande gloire,
10            Est-il bonheur plus doux ?
Unissons-nous tous trois...

TOUS TROIS
Unissons-nous...

# Acte premier

❧

## SCÈNE 1 – Sganarelle, Aminte, Lucrèce, M. Guillaume, M. Josse

SGANARELLE. – Ah ! l'étrange chose que la vie ! et que je puis bien dire, avec ce grand philosophe de l'antiquité, que qui terre a guerre a, et qu'un malheur ne vient jamais sans l'autre ! Je n'avais qu'une seule femme, qui est morte.

M. GUILLAUME. – Et combien donc en voulez-vous avoir ?

SGANARELLE. – Elle est morte, Monsieur mon ami. Cette perte m'est très sensible, et je ne puis m'en ressouvenir sans pleurer. Je n'étais pas fort satisfait de sa conduite, et nous avions le plus souvent dispute ensemble ; mais enfin la mort rajuste toutes choses. Elle est morte : je la pleure. Si elle était en vie, nous nous querellerions[1]. De tous les enfants que le Ciel m'avait donnés, il ne m'a laissé qu'une fille, et cette fille est toute ma peine. Car enfin je la vois dans une mélancolie la plus sombre du monde, dans une tristesse épouvantable, dont il n'y a pas moyen de la retirer, et dont je ne saurais même apprendre la cause. Pour moi, j'en perds l'esprit, et j'aurais besoin d'un bon conseil sur cette matière. Vous êtes ma nièce ; vous, ma voisine ; et vous, mes compères et mes amis : je vous prie de me conseiller tous ce que je dois faire.

---

1. **Nous nous querellerions** : nous nous disputerions.

M. JOSSE. – Pour moi, je tiens que la braverie et l'ajustement[1] est la chose qui réjouit le plus les filles ; et si j'étais que de vous, je lui achèterais, dès aujourd'hui, une belle garniture de
35 diamants, ou de rubis, ou d'émeraudes.

M. GUILLAUME. – Et moi, si j'étais en votre place, j'achèterais une belle tenture de tapisserie de verdure, ou à personnages[2], que je ferais mettre à sa chambre, pour lui réjouir l'esprit et la vue.

AMINTE. – Pour moi, je ne ferais point tant de façon ; et je la
40 marierais fort bien, et le plus tôt que je pourrais, avec cette personne qui vous la fit, dit-on, demander il y a quelque temps[3].

LUCRÈCE. – Et moi, je tiens que votre fille n'est point du tout propre pour le mariage. Elle est d'une complexion trop délicate et trop peu saine[4], et c'est la vouloir envoyer bientôt en l'autre
45 monde[5] que de l'exposer, comme elle est, à faire des enfants. Le monde n'est point du tout son fait, et je vous conseille de la mettre dans un couvent[6], où elle trouvera des divertissements qui seront mieux de son humeur.

SGANARELLE. – Tous ces conseils sont admirables assurément ;
50 mais je les tiens[7] un peu intéressés, et trouve que vous me conseillez fort bien pour vous. Vous êtes orfèvre, Monsieur Josse, et votre conseil sent son homme qui a envie de se défaire de sa marchandise. Vous vendez des tapisseries, Monsieur

---

1. **La braverie et l'ajustement** : les vêtements et les parures (les bijoux).
2. **Tapisserie de verdure, ou à personnages** : représentant un paysage ou des personnages.
3. **Avec [...] temps** : avec la personne qui l'a demandée en mariage récemment.
4. **Trop délicate et trop peu saine** : d'une nature, d'une constitution trop fragile.
5. **L'autre monde** : la mort.
6. **Couvent** : institution religieuse où certaines femmes se retirent pour consacrer leur vie à Dieu.
7. **Je les tiens** : je les juge.

Guillaume, et vous avez la mine[1] d'avoir quelque tenture qui
vous incommode. Celui que vous aimez, ma voisine, a, dit-on,
quelque inclination pour ma fille, et vous ne seriez pas fâchée
de la voir la femme d'un autre. Et quant à vous, ma chère
nièce, ce n'est pas mon dessein[2], comme on sait, de marier ma
fille avec qui que ce soit, et j'ai mes raisons pour cela ; mais
le conseil que vous me donnez de la faire religieuse est d'une
femme qui pourrait bien souhaiter charitablement d'être mon
héritière universelle. Ainsi, Messieurs et Mesdames, quoique
tous vos conseils soient les meilleurs du monde, vous trouverez
bon, s'il vous plaît, que je n'en suive aucun. Voilà de mes
donneurs de conseils à la mode[3].

## SCÈNE 2 – Lucinde, Sganarelle

SGANARELLE. – Ah ! voilà ma fille qui prend l'air. Elle ne me voit
pas ; elle soupire ; elle lève les yeux au ciel. Dieu vous garde !
Bonjour, ma mie. Hé bien ! qu'est-ce ? Comme vous en va ?
Hé ! quoi ? toujours triste et mélancolique comme cela, et tu
ne veux pas me dire ce que tu as. Allons donc, découvre-moi
ton petit cœur. Là, ma pauvre mie, dis, dis ; dis tes petites
pensées à ton petit papa mignon. Courage ! Veux-tu que je te
baise[4] ? Viens.
J'enrage de la voir de cette humeur-là. Mais, dis-moi, me veux-tu
faire mourir de déplaisir, et ne puis-je savoir d'où vient cette

---

1. **Vous avez la mine** : on dirait bien que...
2. **Ce n'est pas mon dessein** : je n'ai pas l'intention.
3. **Voilà [...] à la mode** : voilà ce que je pense
   de ces donneurs de conseils.
4. **Veux-tu que je te baise ?** : veux-tu que je te donne
   un baiser ?

grande langueur ? Découvre-m'en la cause, et je te promets que
je ferai toutes choses pour toi. Oui, tu n'as qu'à me dire le sujet
de ta tristesse ; je t'assure ici, et te fais serment[1] qu'il n'y a rien
que je ne fasse pour te satisfaire : c'est tout dire. Est-ce que tu es

80  jalouse de quelqu'une de tes compagnes que tu vois plus brave[2]
que toi ? et serait-il quelque étoffe nouvelle dont tu voulusses
avoir un habit ? Non. Est-ce que ta chambre ne te semble pas
assez parée, et que tu souhaiterais quelque cabinet[3] de la foire
Saint-Laurent ? Ce n'est pas cela. Aurais-tu envie d'apprendre

85  quelque chose ? et veux-tu que je te donne un maître pour te
montrer à jouer du clavecin ? Nenni[4]. Aimerais-tu quelqu'un,
et souhaiterais-tu d'être mariée ?
*Lucinde lui fait signe que c'est cela.*

## SCÈNE 3 – Lisette, Sganarelle, Lucinde

LISETTE. – Hé bien ! Monsieur, vous venez d'entretenir[5] votre
90  fille. Avez-vous su la cause de sa mélancolie ?

SGANARELLE. – Non. C'est une coquine qui me fait enrager.

LISETTE. – Monsieur, laissez-moi faire, je m'en vais la sonder
un peu[6].

SGANARELLE. – Il n'est pas nécessaire ; et puisqu'elle veut être
95  de cette humeur, je suis d'avis qu'on l'y laisse.

---

1. **Faire serment** : jurer. Ici : je te jure que je ferai tout
   pour que tu sois satisfaite.
2. **Plus brave** : mieux habillée.
3. **Cabinet** : meuble avec des tiroirs.
4. **Nenni** : non.
5. **Entretenir** : avoir un entretien avec quelqu'un.
   Ici : vous venez de parler avec votre fille.
6. **Je m'en vais la sonder un peu** : je vais essayer de savoir
   ce qu'elle a.

LISETTE. – Laissez-moi faire, vous dis-je. Peut-être qu'elle se découvrira plus librement à moi qu'à vous. Quoi ? Madame, vous ne nous direz point ce que vous avez, et vous voulez affliger ainsi tout le monde ? Il me semble qu'on n'agit point comme vous
100 faites, et que, si vous avez quelque répugnance à vous expliquer à un père, vous n'en devez avoir aucune à me découvrir votre cœur. Dites-moi, souhaitez-vous quelque chose de lui ? Il nous a dit plus d'une fois qu'il n'épargnerait rien pour vous contenter. Est-ce qu'il ne vous donne pas toute la liberté que vous souhaiteriez,
105 et les promenades et les cadeaux ne tenteraient-ils point votre âme ? Heu. Avez-vous reçu quelque déplaisir de quelqu'un ? Heu. N'auriez-vous point quelque secrète inclination, avec qui vous souhaiteriez que votre père vous mariât ? Ah ! je vous entends[1]. Voilà l'affaire. Que diable ? pourquoi tant de façons ? Monsieur,
110 le mystère est découvert ; et...

SGANARELLE, *l'interrompant.* – Va, fille ingrate, je ne te veux plus parler, et je te laisse dans ton obstination.

LUCINDE. – Mon père, puisque vous voulez que je vous dise la chose...

115 SGANARELLE. – Oui, je perds toute l'amitié que j'avais pour toi.

LISETTE. – Monsieur, sa tristesse...

SGANARELLE. – C'est une coquine qui me veut faire mourir.

LUCINDE. – Mon père, je veux bien...

SGANARELLE. – Ce n'est pas la récompense de t'avoir élevée
120 comme j'ai fait.

LISETTE. – Mais, Monsieur...

SGANARELLE. – Non, je suis contre elle dans une colère épouvantable.

---

1. **Je vous entends** : je comprends ce que vous voulez dire.

LUCINDE. – Mais, mon père...

125 SGANARELLE. – Je n'ai plus aucune tendresse pour toi.

LISETTE. – Mais...

SGANARELLE. – C'est une friponne.

LUCINDE. – Mais...

SGANARELLE. – Une ingrate.

130 LISETTE. – Mais...

SGANARELLE. – Une coquine, qui ne me veut pas dire ce qu'elle a.

LISETTE. – C'est un mari qu'elle veut.

SGANARELLE, *faisant semblant de ne pas entendre*. – Je l'abandonne.

135 LISETTE. – Un mari.

SGANARELLE. – Je la déteste.

LISETTE. – Un mari.

SGANARELLE. – Et la renonce pour ma fille[1].

LISETTE. – Un mari.

140 SGANARELLE. – Non, ne m'en parlez point.

LISETTE. – Un mari.

SGANARELLE. – Ne m'en parlez point.

LISETTE. – Un mari.

SGANARELLE. – Ne m'en parlez point.

145 LISETTE. – Un mari, un mari, un mari.

## SCÈNE 4 – LISETTE, LUCINDE

LISETTE. – On dit bien vrai : qu'il n'y a point de pires sourds que ceux qui ne veulent point entendre.

---

1. **Je la renonce pour ma fille** : je la renie.

LUCINDE. – Hé bien ! Lisette, j'avais tort de cacher mon déplaisir, et je n'avais qu'à parler pour avoir tout ce que je souhaitais de mon père ! Tu le vois.

150 LISETTE. – Par ma foi ! voilà un vilain homme ; et je vous avoue que j'aurais un plaisir extrême à lui jouer quelque tour. Mais d'où vient donc, Madame, que jusqu'ici vous m'avez caché votre mal ?

155 LUCINDE. – Hélas ! de quoi m'aurait servi de te le découvrir plus tôt[1] ? et n'aurais-je pas autant gagné à le tenir caché toute ma vie ? Crois-tu que je n'aie pas bien prévu tout ce que tu vois maintenant, que je ne susse[2] pas à fond tous les sentiments de mon père, et que le refus qu'il a fait porter à celui qui m'a 160 demandée[3] par un ami n'ait pas étouffé dans mon âme toute sorte d'espoir ?

LISETTE. – Quoi ? c'est cet inconnu qui vous a fait demander, pour qui vous...

LUCINDE. – Peut-être n'est-il pas honnête à une fille de s'expliquer 165 si librement[4] ; mais enfin je t'avoue que, s'il m'était permis de vouloir quelque chose, ce serait lui que je voudrais. Nous n'avons eu ensemble aucune conversation, et sa bouche ne m'a point déclaré la passion qu'il a pour moi ; mais, dans tous les lieux où il m'a pu voir, ses regards et ses actions m'ont toujours

---

1. **De quoi [...] plus tôt ?** : à quoi aurait servi que je t'en parle ?
2. **Que je susse** : subjonctif imparfait du verbe savoir. Ici : est-ce que tu crois que je n'avais pas prévu tout ce que tu vois, et que je ne connaissais pas tous les sentiments de mon père...
3. **Celui qui m'a demandée** : celui qui m'a demandée en mariage.
4. **Peut-être [...] si librement** : il n'est peut être pas très correct pour une jeune fille de parler de ces choses-là...

170 parlé si tendrement, et la demande qu'il a fait faire de moi m'a paru d'un si honnête homme que mon cœur n'a pu s'empêcher d'être sensible à ses ardeurs[1] ; et cependant tu vois où la dureté de mon père réduit toute cette tendresse.

LISETTE. – Allez, laissez-moi faire. Quelque sujet que j'aie de me
175 plaindre de vous du secret que vous m'avez fait, je ne veux pas laisser de servir votre amour* ; et pourvu que vous ayez assez de résolution...

LUCINDE. – Mais que veux-tu que je fasse contre l'autorité d'un père ? Et s'il est inexorable[2] à mes vœux...

180 LISETTE. – Allez, allez, il ne faut pas se laisser mener comme un oison ; et pourvu que l'honneur n'y soit pas offensé, on peut se libérer un peu de la tyrannie d'un père. Que prétend-il que vous fassiez ? N'êtes-vous pas en âge d'être mariée ? et croit-il que vous soyez de marbre ? Allez, encore un coup, je veux
185 servir votre passion ; je prends, dès à présent, sur moi tout le soin de ses intérêts, et vous verrez que je sais des détours...* Mais je vois votre père. Rentrons, et me laissez agir.

## SCÈNE 5 – Sganarelle

Il est bon quelquefois de ne point faire semblant d'entendre les choses qu'on n'entend que trop bien[3] ; et j'ai fait sagement de parer

---

1. **Ses ardeurs** : sa passion.
2. **Inexorable** : qui ne cède pas, qui reste impitoyable.
3. **Il est bon [...] trop bien** : il est bon parfois de faire semblant de ne pas entendre...

● Lisette demande à Lucinde de lui faire confiance : « Laissez-moi faire. Même si j'ai des raisons de me plaindre de vous, parce que vous ne m'avez pas dit que vous étiez amoureuse, je veux tout faire pour vous aider. »

● « Allez, je vous répète que je veux aider votre amour, je vais m'en occuper dès maintenant, et vous verrez que je sais m'y prendre. »

190 la déclaration d'un désir que je ne suis pas résolu de contenter.
A-t-on jamais rien vu de plus tyrannique que cette coutume où l'on
veut assujettir les pères● ? rien de plus impertinent et de plus
ridicule que d'amasser du bien avec de grands travaux, et élever
une fille avec beaucoup de soin et de tendresse, pour se dépouiller
195 de l'un et de l'autre entre les mains d'un homme qui ne nous
touche de rien ? Non, non : je me moque de cet usage, et je veux
garder mon bien[1] et ma fille pour moi.

## SCÈNE 6 – LISETTE, SGANARELLE

LISETTE, *faisant semblant de ne pas voir Sganarelle.* – Ah ! malheur !
Ah ! disgrâce ! Ah ! pauvre seigneur Sganarelle ! où pourrai-je
200 te rencontrer ?

SGANARELLE. – Que dit-elle là ?

LISETTE. – Ah ! misérable père[2] ! que feras-tu, quand tu sauras
cette nouvelle ?

SGANARELLE. – Que sera-ce ?

205 LISETTE. – Ma pauvre maîtresse !

SGANARELLE. – Je suis perdu.

LISETTE. – Ah !

SGANARELLE. – Lisette.

LISETTE. – Quelle infortune !

210 SGANARELLE. – Lisette.

LISETTE. – Quel accident !

SGANARELLE. – Lisette.

1. **Mon bien** : ma fortune.
2. **Misérable père** : pauvre père !

● Sganarelle se félicite d'avoir empêché
Lucinde de déclarer son amour : il juge
que le mariage des filles est ridicule,
que c'est une contrainte pour les pères.

LISETTE. – Quelle fatalité !

SGANARELLE. – Lisette.

215 LISETTE. – Ah ! Monsieur !

SGANARELLE. – Qu'est-ce ?

LISETTE. – Monsieur.

SGANARELLE. – Qu'y a-t-il ?

LISETTE. – Votre fille.

220 SGANARELLE. – Ah ! ah !

LISETTE. – Monsieur, ne pleurez donc point comme cela ; car vous me feriez rire.

SGANARELLE. – Dis donc vite.

LISETTE. – Votre fille, toute saisie des paroles que vous lui avez
225 dites et de la colère effroyable où elle vous a vu contre elle, est montée vite dans sa chambre, et, pleine de désespoir, a ouvert la fenêtre qui regarde sur la rivière.

SGANARELLE. – Hé bien ?

LISETTE. – Alors, levant les yeux au ciel : « Non, a-t-elle dit, il m'est
230 impossible de vivre avec le courroux de mon père, et puisqu'il me renonce pour sa fille, je veux mourir. »

SGANARELLE. – Elle s'est jetée ?

LISETTE. – Non, Monsieur : elle a fermé tout doucement la fenêtre, et s'est allée mettre sur son lit. Là elle s'est prise
235 à pleurer amèrement ; et tout d'un coup son visage a pâli, ses yeux se sont tournés, le cœur lui a manqué, et elle m'est demeurée entre les bras[1].

SGANARELLE. – Ah ! ma fille !

---

1. **Elle m'est demeurée entre les bras** : elle s'est évanouie dans mes bras.

LISETTE. – À force de la tourmenter, je l'ai fait revenir[1] ; mais cela lui reprend de moment en moment, et je crois qu'elle ne passera pas la journée.

SGANARELLE. – Champagne ! Champagne ! Champagne ● ! vite, qu'on m'aille quérir des médecins, et en quantité[2] : on n'en peut trop avoir dans une pareille aventure. Ah ! ma fille ! ma pauvre fille !

## PREMIER ENTRACTE

*Champagne, en dansant, frappe aux portes de quatre médecins, qui dansent et entrent avec cérémonie chez le père de la malade.*

---

1. À force de la tourmenter, je l'ai fait revenir : à force de la secouer, je l'ai fait revenir à elle.
2. Vite [...] et en quantité : qu'on aille chercher des médecins, beaucoup de médecins...

● À l'époque de Molière, les domestiques portaient souvent le nom de leur région d'origine. Le domestique de Sganarelle s'appelle Champagne, car il vient de cette région (Est de la France), comme il pourrait s'appeler Limousin ou Provence...

# Acte II

### SCÈNE 1 – Sganarelle, Lisette

LISETTE. – Que voulez-vous donc faire, Monsieur, de quatre médecins ? N'est-ce pas assez d'un pour tuer une personne ?

250 SGANARELLE. – Taisez-vous. Quatre conseils valent mieux qu'un.

LISETTE. – Est-ce que votre fille ne peut pas bien mourir sans le secours de ces Messieurs-là ?

SGANARELLE. – Est-ce que les médecins font mourir ?

LISETTE. – Sans doute[1] ; et j'ai connu un homme qui prouvait, par
255 bonnes raisons, qu'il ne faut jamais dire : « Une telle personne est morte d'une fièvre et d'une fluxion sur la poitrine » ; mais : « Elle est morte de quatre médecins et de deux apothicaires[2]. »

SGANARELLE. – Chut ! N'offensez pas ces Messieurs-là.

LISETTE. – Ma foi ! Monsieur, notre chat est réchappé depuis peu
260 d'un saut qu'il fit du haut de la maison dans la rue ; et il fut trois jours sans manger, et sans pouvoir remuer ni pied ni patte ; mais il est bien heureux de ce qu'il n'y a point de chats médecins, car ses affaires étaient faites, et ils n'auraient pas manqué de le purger et de le saigner●.

---

1. **Sans doute** : bien sûr.
2. **Apothicaires** : pharmaciens.

● La purge et la saignée sont deux pratiques très courantes à l'époque : on donne des produits qui vident les intestins, et on prélève du sang dans les veines. On croit qu'ainsi le malade ira mieux.

SGANARELLE. – Voulez-vous vous taire ? vous dis-je. Mais voyez quelle impertinence ! Les voici.

LISETTE. – Prenez garde, vous allez être bien édifié : ils vous diront en latin que votre fille est malade.

265

**SCÈNE 2** – MESSIEURS TOMÈS, DES FONANDRÈS, MACROTON ET BAHYS, *médecins*, SGANARELLE, LISETTE

SGANARELLE. – Hé bien ! Messieurs ?

270 M. TOMÈS. – Nous avons vu suffisamment la malade, et sans doute qu'il y a beaucoup d'impuretés en elle.

SGANARELLE. – Ma fille est impure ?

M. TOMÈS. – Je veux dire qu'il y a beaucoup d'impuretés dans son corps, quantité d'humeurs corrompues[1].

275 SGANARELLE. – Ah ! je vous entends.

M. TOMÈS. – Mais... Nous allons consulter ensemble.

SGANARELLE. – Allons, faites donner des sièges.

LISETTE. – Ah ! Monsieur, vous en êtes[2] ?

SGANARELLE. – De quoi donc connaissez-vous Monsieur ?

280 LISETTE. – De l'avoir vu l'autre jour chez la bonne amie de Madame votre nièce.

M. TOMÈS. – Comment se porte son cocher ?

LISETTE. – Fort bien : il est mort.

M. TOMÈS. – Mort !

285 LISETTE. – Oui.

M. TOMÈS. – Cela ne se peut.

LISETTE. – Je ne sais si cela se peut ; mais je sais bien que cela est.

---

**1.** Voir la note page 20.
**2. Vous en êtes ?** : vous êtes là vous aussi ?
(Lisette s'adresse à l'un des médecins.)

M. TOMÈS. – Il ne peut pas être mort, vous dis-je.

LISETTE. – Et moi je vous dis qu'il est mort et enterré.

290 M. TOMÈS. – Vous vous trompez.

LISETTE. – Je l'ai vu.

M. TOMÈS. – Cela est impossible. Hippocrate[1] dit que ces sortes de maladies ne se terminent qu'au quatorze, ou au vingt-et-un[2] ; et il n'y a que six jours qu'il est tombé malade.

295 LISETTE. – Hippocrate dira ce qu'il lui plaira ; mais le cocher est mort.

SGANARELLE. – Paix ! discoureuse ; allons, sortons d'ici. Messieurs, je vous supplie de consulter de la bonne manière. Quoique ce ne soit pas la coutume de payer auparavant, 300 toutefois, de peur que je l'oublie, et afin que ce soit une affaire faite, voici...

*Il les paye, et chacun, en recevant l'argent, fait un geste différent.*

## SCÈNE 3 – Messieurs des Fonandrès, Tomès, Macroton et Bahys

*Ils s'asseyent et toussent.*

M. DES FONANDRÈS. – Paris est étrangement grand, et il faut faire 305 de longs trajets quand la pratique donne un peu[3].

M. TOMÈS. – Il faut avouer que j'ai une mule admirable pour cela, et qu'on a peine à croire le chemin que je lui fais faire tous les jours.

---

1. Voir note page 15.
2. **Ces sortes [...] vingt-et-un** : ces maladies
   ne se terminent qu'au bout de quatorze ou
   vingt-et-un jours, c'est-à-dire par cycles de sept jours.
3. **Quand la pratique donne un peu** : quand on a quelques
   clients.

M. DES FONANDRÈS. – J'ai un cheval merveilleux, et c'est un animal infatigable.

M. TOMÈS. – Savez-vous le chemin que ma mule a fait aujourd'hui ? J'ai été premièrement tout contre l'Arsenal ; de l'Arsenal au bout du faubourg Saint-Germain ; du faubourg Saint-Germain au fond du Marais ; du fond du Marais à la porte Saint-Honoré ; de la porte Saint-Honoré au faubourg Saint-Jacques ; du faubourg Saint-Jacques à la porte de Richelieu ; de la porte de Richelieu, ici ; et d'ici, je dois aller encore à la place Royale.

M. DES FONANDRÈS. – Mon cheval a fait tout cela aujourd'hui ; et de plus, j'ai été à Rueil voir un malade.

M. TOMÈS. – Mais à propos, quel parti prenez-vous dans la querelle des deux médecins Théophraste et Artémius ? car c'est une affaire qui partage tout notre corps.

M. DES FONANDRÈS. – Moi, je suis pour Artémius.

M. TOMÈS. – Et moi aussi. Ce n'est pas que son avis, comme on a vu, n'ait tué le malade, et que celui de Théophraste ne fût beaucoup meilleur assurément ; mais enfin il a tort dans les circonstances, et il ne devait pas être d'un autre avis que son ancien●. Qu'en dites-vous ?

M. DES FONANDRÈS. – Sans doute. Il faut toujours garder les formalités, quoi qu'il puisse arriver[1].

M. TOMÈS. – Pour moi, j'y suis sévère en diable, à moins que ce soit entre amis ; et l'on nous assembla un jour, trois de nous autres, avec un médecin de dehors, pour une consultation,

● Monsieur Tomès explique que Théophraste a eu tort (même si son diagnostic était meilleur) parce qu'il n'était pas du même avis que l'autre médecin, plus âgé.

1. Il faut [...] arriver : il faut toujours respecter les règles habituelles.

335 où j'arrêtai toute l'affaire, et ne voulus point endurer qu'on opinât[1] , si les choses n'allaient dans l'ordre. Les gens de la maison faisaient ce qu'ils pouvaient et la maladie pressait ; mais je n'en voulus point démordre, et la malade mourut bravement pendant cette contestation.

340 M. DES FONANDRÈS. – C'est fort bien fait d'apprendre aux gens à vivre, et de leur montrer leur bec jaune[2].

M. TOMÈS. – Un homme mort n'est qu'un homme mort, et ne fait point de conséquence ; mais une formalité négligée porte un notable préjudice à tout le corps des médecins.

345

## SCÈNE 4 – Sganarelle, Messieurs Tomès, des Fonandrès, Macroton et Bahys

SGANARELLE. – Messieurs, l'oppression de ma fille augmente : je vous prie de me dire vite ce que vous avez résolu.

M. TOMÈS. – Allons, Monsieur.

M. DES FONANDRÈS. – Non, Monsieur, parlez, s'il vous plaît.

M. TOMÈS. – Vous vous moquez.

350 M. DES FONANDRÈS. – Je ne parlerai pas le premier.

M. TOMÈS. – Monsieur.

M. DES FONANDRÈS. – Monsieur.

---

1. **Opiner** : donner son avis. M. Tomès explique que, lors d'une consultation à plusieurs, il n'a pas voulu qu'on prenne une décision car il y avait un médecin qui venait de l'extérieur, ce qui ne respectait pas les coutumes.
2. **Leur montrer leur bec jaune** : leur montrer leur ignorance. Les jeunes oiseaux ont souvent le bec jaune ; on compare donc ici les gens sans expérience à des oisillons.

🔖 *Frontispice de* L'Amour médecin *de Molière, gravure (XVIIᵉ siècle) (Paris, BnF).*

SGANARELLE. – Hé ! de grâce, Messieurs, laissez toutes ces cérémonies et songez que les choses pressent.

355 *Ils parlent tous quatre ensemble.*

M. TOMÈS. – La maladie de votre fille...

M. DES FONANDRÈS. – L'avis de tous ces Messieurs tous ensemble...

M. MACROTON. – Après avoir bien consulté...

M. BAHYS. – Pour raisonner...

360 SGANARELLE. – Hé ! Messieurs, parlez l'un après l'autre, de grâce.

M. TOMÈS. – Monsieur, nous avons raisonné sur la maladie de votre fille, et mon avis, à moi, est que cela procède d'une grande chaleur de sang ; ainsi je conclus à la saigner[●] le plus tôt que vous pourrez.

365 M. DES FONANDRÈS. – Et moi, je dis que sa maladie est une pourriture d'humeurs, causée par une trop grande réplétion[1] : ainsi je conclus à lui donner de l'émétique[2].

M. TOMÈS. – Je soutiens que l'émétique la tuera.

M. DES FONANDRÈS. – Et moi, que la saignée la fera mourir.

370 M. TOMÈS. – C'est bien à vous de faire l'habile homme.

M. DES FONANDRÈS. – Oui, c'est à moi ; et je vous prêterai le collet en tout genre d'érudition[3].

M. TOMÈS. – Souvenez-vous de l'homme que vous fîtes crever[4] ces jours passés.

375 M. DES FONANDRÈS. – Souvenez-vous de la dame que vous avez envoyée en l'autre monde, il y a trois jours.

---

1. **Réplétion** : fait d'avoir beaucoup mangé, peut-être même trop.
2. **Émétique** : produit qui fait vomir. On utilisait à l'époque un produit fabriqué avec de l'arsenic (poison très dangereux !).
3. **Je vous prêterai [...] d'érudition** : je pourrai vous donner des leçons dans tous les domaines.
4. **Souvenez-vous [...] crever** : souvenez-vous de la personne que vous avez fait mourir récemment.

[●] La saignée consiste à couper une veine pour prélever du sang. À l'époque de Molière, c'était une pratique courante des médecins, qui considéraient que le sang, une des quatre humeurs, était souvent trop épais, trop abondant ou trop chaud, causant ainsi les maladies.

M. TOMÈS. – Je vous ai dit mon avis.

M. DES FONANDRÈS. – Je vous ai dit ma pensée.

M. TOMÈS. – Si vous ne faites saigner tout à l'heure[1] votre fille,
380    c'est une personne morte.

M. DES FONANDRÈS. – Si vous la faites saigner, elle ne sera pas
en vie dans un quart d'heure.


## SCÈNE 5 – SGANARELLE, MESSIEURS MACROTON ET BAHYS, *médecins*


SGANARELLE. – À qui croire des deux ? et quelle résolution
prendre, sur des avis si opposés ? Messieurs, je vous conjure
385    de déterminer mon esprit, et de me dire, sans passion, ce que
vous croyez le plus propre à soulager ma fille.

M. MACROTON. *Il parle en allongeant ses mots.* – Mon-si-eur, dans
ces ma-ti-è-res-là, il faut pro-cé-der a-vec-que cir-con-spec-tion,
et ne ri-en fai-re, com-me on dit, à la vo-lé-e, d'au-tant que les
390    fau-tes qu'on y peut fai-re sont, se-lon no-tre maî-tre Hip-po-
cra-te, d'u-ne dan-ge-reu-se con-sé-quen-ce.

M. BAHYS. *Celui-ci parle toujours en bredouillant.* – Il est vrai, il faut
bien prendre garde à ce qu'on fait ; car ce ne sont pas ici des
jeux d'enfant, et quand on a failli, il n'est pas aisé de réparer
395    le manquement[2] et de rétablir ce qu'on a gâté : *experimentum
periculosum*[3]. C'est pourquoi il s'agit de raisonner auparavant
comme il faut, de peser mûrement les choses, de regarder le

---

1. **Tout à l'heure** : immédiatement.
2. **Quand on a [...] le manquement** : quand on s'est trompé,
   il n'est pas facile de réparer ce que l'on a abîmé.
3. *Experimentum periculosum* : « L'expérience
   est dangereuse » (latin).

témpérament des gens, d'examiner les causes de la maladie, et de voir les remèdes qu'on y doit apporter.

400 SGANARELLE. – L'un va en tortue, et l'autre court la poste[1].

M. MACROTON. – Or, Mon-si-eur, pour ve-nir au fait, je trou-ve que vo-tre fil-le a u-ne ma-la-die chro-ni-que, et qu'el-le peut pé-ri-cli-ter[2] si on ne lui don-ne du secours, d'au-tant que les sym-ptô-mes qu'el-le a sont in-di-ca-tifs d'u-ne va-peur

405 fu-li-gi-neu-se et mor-di-can-te qui lui pi-co-te les mem-bra-nes du cer-veau. Or, cet-te va-peur, que nous nom-mons en grec *at-mos*, est cau-sé-e par des hu-meurs pu-tri-des te-na-ces et con-glu-ti-neu-ses, qui sont con-te-nues dans le bas-ven-tre●.

410 M. BAHYS. – Et comme ces humeurs ont été là engendrées par une longue succession de temps, elles s'y sont recuites et ont acquis cette malignité qui fume vers la région du cerveau.

M. MACROTON. – Si bi-en donc que, pour ti-rer, dé-ta-cher, ar-ra-

415 cher, ex-pul-ser, é-va-cuer les di-tes hu-meurs, il fau-dra u-ne pur-ga-tion vi-gou-reu-se. Mais, au pré-a-la-ble, je trou-ve à pro-pos, et il n'y a pas d'in-con-vé-nient, d'u-ser de pe-tits re-mè-des a-no-dins, c'est-à-dire de pe-tits la-ve-ments ré-mol-li-ents et dé-ter-sifs de ju-leps et de si-rops ra-fraî-chis-sants,

420 qu'on mê-le-ra dans sa ti-sa-ne.

---

1. **Aller en tortue** : parler lentement.
**Courir la poste** : aller à toute vitesse, comme la diligence qui va de poste en poste, c'est-à-dire d'étape en étape.
2. **Péricliter** : se dégrader, aller de mal en pis.

● D'après ce médecin, les « humeurs » malades contenues dans le ventre de la jeune fille envoient des « vapeurs » noires, qui lui causent des démangeaisons au cerveau. Le traitement consiste donc à faire évacuer ces humeurs, à l'aide de purges et lavements divers (sirops, jus et tisanes devant laver et assainir les intestins).

M. BAHYS. – Après, nous en viendrons à la purgation, et à la saignée que nous réitérerons[1], s'il en est besoin.

M. MACROTON. – Ce n'est pas qu'a-vec tout ce-la, vo-tre fil-le ne puis-se mou-rir[2], mais, au moins, vous au-rez fait quel-que

425    cho-se et vous au-rez la con-so-la-tion qu'el-le se-ra mor-te dans les for-mes.

M. BAHYS. – Il vaut mieux mourir selon les règles que de réchapper[3] contre les règles.

M. MACROTON. – Nous vous di-sons sin-cè-re-ment no-tre pen-sée.

430    M. BAHYS. – Et vous avons parlé comme nous parlerions à notre propre frère.

SGANARELLE, *à M. Macroton*. – Je vous rends très hum-bles grâ-ces. (*À M. Bahys.*) Et vous suis infiniment obligé de la peine que vous avez prise.

435

## SCÈNE 6 – SGANARELLE

Me voilà justement un peu plus incertain[4] que je n'étais auparavant. Morbleu ! il me vient une fantaisie[5]. Il faut que j'aille acheter de l'orviétan[6], et que je lui en fasse prendre ; l'orviétan est un remède dont beaucoup de gens se sont bien trouvés.

440

1. **Réitérer** : recommencer.
2. **Ce n'est pas [...] mourir** : votre fille risque de mourir malgré tout.
3. **Réchapper** : guérir.
4. **Me voilà [...] incertain** : je suis encore plus indécis que tout à l'heure.
5. **Morbleu ! il me vient une fantaisie** : Bon sang ! J'ai une idée !
6. **Orviétan** : contrepoison, considéré à l'époque comme un antidote universel. Il était composé de poudres de plantes, d'opium et de miel.

### SCÈNE 7 – L'OPÉRATEUR, SGANARELLE

SGANARELLE. – Holà ! Monsieur, je vous prie de me donner une
  boîte de votre orviétan, que je m'en vais vous payer.

L'OPÉRATEUR, *chantant.*

  L'or de tous les climats qu'entoure l'Océan

  Peut-il jamais payer ce secret d'importance ?

445  Mon remède guérit, par sa rare excellence,

  Plus de maux qu'on n'en peut nombrer dans tout un an :

                    La gale,

                    La rogne,

                    La tigne,

450                    La fièvre,

                    La peste,

                    La goutte,

                    Vérole,

                    Descente,

455                    Rougeole•.

  Ô grande puissance de l'orviétan !

SGANARELLE. – Monsieur, je crois que tout l'or du monde n'est
  pas capable de payer votre remède ; mais pourtant voici une
  pièce de trente sols que vous prendrez s'il vous plaît.

460 L'OPÉRATEUR, *chantant.*

  Admirez mes bontés, et le peu qu'on vous vend

  Ce trésor merveilleux que ma main vous dispense.

> ● La gale, la rogne et la tigne sont
> des maladies de peau. La peste,
> la vérole et la rougeole sont des
> maladies infectieuses. La goutte est une
> inflammation des articulations. Par
> « descente », on indique le déplacement
> de certains organes.

Vous pouvez avec lui braver en assurance
Tous les maux que sur nous l'ire[1] du Ciel répand :

465
        La gale,

        La rogne,

        La tigne,

        La fièvre,

        La peste,

470
        La goutte,

        Vérole,

        Descente,

        Rougeole.

Ô grande puissance de l'orviétan !

## DEUXIÈME ENTRACTE

*Plusieurs Trivelins et Scaramouches●, valets de l'opérateur, se réjouissent en dansant.*

---

1. Ire : colère.

● Trivelin et Scaramouche sont des personnages de la *commedia dell'arte* (voir « Repères », p. 76) facilement reconnaissables à leur vêtement.

# Acte III

❦

**SCÈNE 1 –** Messieurs Filerin, Tomès et des Fonandrès

M. FILERIN. – N'avez-vous point de honte, Messieurs, de montrer si peu de prudence, pour des gens de votre âge, et de vous être querellés comme de jeunes étourdis ? Ne voyez-vous pas bien quel tort ces sortes de querelles nous font parmi le monde ? et n'est-ce pas assez que les savants voient les contrariétés et les dissensions qui sont entre nos auteurs et nos anciens maîtres, sans découvrir[1] encore au peuple, par nos débats et nos querelles, la forfanterie[2] de notre art ? Pour moi, je ne comprends rien du tout à cette méchante politique de quelques-uns de nos gens ; et il faut confesser que toutes ces contestations nous ont décriés, depuis peu, d'une étrange manière, et que, si nous n'y prenons garde, nous allons nous ruiner nous-mêmes. Je n'en parle pas pour mon intérêt ; car, Dieu merci, j'ai déjà établi mes petites affaires. Qu'il vente, qu'il pleuve, qu'il grêle, ceux qui sont morts sont morts, et j'ai de quoi me passer des vivants ; mais enfin toutes ces disputes ne valent rien pour la médecine. Puisque le Ciel nous fait la grâce que, depuis tant de siècles, on demeure infatué de nous, ne désabusons point les hommes avec nos

---

1. **Découvrir** : montrer, faire voir « à découvert ».
2. **Forfanterie** : vantardise. M. Filerin regrette que les médecins, en se disputant en public, montrent leur incapacité à guérir les malades.

cabales extravagantes[1], et profitons de leur sottise le plus doucement que nous pourrons. Nous ne sommes pas les seuls, comme vous savez, qui tâchons à nous prévaloir de la faiblesse humaine[2]. C'est là que va l'étude de la plupart du monde, et chacun s'efforce de prendre les hommes par leur faible, pour en tirer quelque profit. Les flatteurs, par exemple, cherchent à profiter de l'amour que les hommes ont pour les louanges, en leur donnant tout le vain encens qu'ils souhaitent ; et c'est un art où l'on fait, comme on voit, des fortunes considérables. Les alchimistes● tâchent à profiter de la passion qu'on a pour les richesses, en promettant des montagnes d'or à ceux qui les écoutent ; et les diseurs d'horoscope, par leurs prédictions trompeuses, profitent de la vanité et de l'ambition des crédules esprits. Mais le plus grand faible des hommes, c'est l'amour qu'ils ont pour la vie ; et nous en profitons, nous autres, par notre pompeux galimatias, et savons prendre nos avantages de cette vénération que la peur de mourir leur donne pour notre métier. Conservons-nous donc dans le degré d'estime où leur faiblesse nous a mis, et soyons de concert[3] auprès des malades pour nous attribuer les heureux succès de la maladie, et rejeter sur la nature toutes les bévues de notre art. N'allons point, dis-je, détruire sottement les heureuses préventions d'une erreur qui donne du pain à tant de personnes.

---

1. **Ne désabusons [...] extravagantes** : puisque les humains nous apprécient, ne gâchons pas notre réputation par des disputes ridicules.
2. **Nous ne sommes pas [...] humaine** : nous ne sommes pas les seuls à profiter de la faiblesse humaine.
3. **Soyons de concert** : mettons-nous d'accord lorsque nous sommes au chevet des malades.

● L'alchimie est une science, très développée du XIe au XVIIIe siècle, qui prétendait pouvoir trouver le moyen de transformer en or n'importe quel métal.

520 M. TOMÈS. – Vous avez raison en tout ce que vous dites ; mais ce sont chaleurs de sang dont parfois on n'est pas le maître.

M. FILERIN. – Allons donc, Messieurs, mettez bas toute rancune, et faisons ici votre accommodement[1].

M. DES FONANDRÈS. – J'y consens. Qu'il me passe mon émétique
525 pour la malade dont il s'agit, et je lui passerai tout ce qu'il voudra pour le premier malade dont il sera question.

M. FILERIN. – On ne peut pas mieux dire, et voilà se mettre à la raison.

M. DES FONANDRÈS. – Cela est fait.

530 M. FILERIN. – Touchez donc là[2]. Adieu. Une autre fois, montrez plus de prudence.

### SCÈNE 2 – MESSIEURS TOMÈS, DES FONANDRÈS, LISETTE

LISETTE. – Quoi ? Messieurs, vous voilà, et vous ne songez pas à réparer le tort qu'on vient de faire à la médecine ?

M. TOMÈS. – Comment ? Qu'est-ce ?

535 LISETTE. – Un insolent qui a eu l'effronterie d'entreprendre sur votre métier[3], et qui, sans votre ordonnance, vient de tuer un homme d'un grand coup d'épée au travers du corps.

M. TOMÈS. – Écoutez, vous faites la railleuse, mais vous passerez par nos mains quelque jour[4].

540 LISETTE. – Je vous permets de me tuer, lorsque j'aurai recours à vous.

---

1. **Mettez [...] accommodement** : réconciliez-vous et mettons-nous d'accord.
2. **Touchez là** : serrons-nous la main.
3. **Qui a eu [...] métier** : qui vient de faire comme s'il était médecin.
4. **Vous passerez [...] jour** : vous aurez besoin de nous un jour ou l'autre.

## SCÈNE 3 – Lisette, Clitandre

CLITANDRE. – Hé bien ! Lisette, me trouves-tu bien ainsi ?

LISETTE. – Le mieux du monde ; et je vous attendais avec impatience. Enfin le Ciel m'a faite d'un naturel le plus humain
545 du monde, et je ne puis voir deux amants[1] soupirer l'un pour l'autre, qu'il ne me prenne une tendresse charitable, et un désir ardent de soulager les maux qu'ils souffrent[2]. Je veux, à quelque prix que ce soit, tirer Lucinde de la tyrannie où elle est, et la mettre en votre pouvoir. Vous m'avez plu d'abord[3] ; je
550 me connais en gens, et elle ne peut pas mieux choisir. L'amour risque des choses extraordinaires ; et nous avons concerté ensemble une manière de stratagème qui pourra peut-être nous réussir. Toutes nos mesures sont déjà prises : l'homme à qui nous avons affaire n'est pas des plus fins de ce monde ; et
555 si cette aventure nous manque[4], nous trouverons mille autres voies pour arriver à notre but. Attendez-moi là seulement, je reviens vous quérir.

## SCÈNE 4 – Sganarelle, Lisette

LISETTE. – Monsieur, allégresse ! allégresse[5] !

SGANARELLE. – Qu'est-ce ?

560 LISETTE. – Réjouissez-vous.

---

1. **Amants** : amoureux.
2. **Je ne puis voir [...] souffrent** : je ne peux pas voir
   des gens qui s'aiment sans avoir envie de les aider...
3. **D'abord** : tout de suite, dès que je vous ai vu.
4. **Si cette aventure nous manque** : si cela ne marche
   pas cette fois-ci.
5. **Allégresse** : grande joie.

SGANARELLE. – De quoi ?

LISETTE. – Réjouissez-vous, vous dis-je.

SGANARELLE. – Dis-moi donc ce que c'est, et puis je me réjouirai
peut-être.

565 LISETTE. – Non : je veux que vous vous réjouissiez auparavant,
que vous chantiez, que vous dansiez.

SGANARELLE. – Sur quoi ?

LISETTE. – Sur ma parole.

SGANARELLE. – Allons donc, la lera la la, la lera la. Que diable !

570 LISETTE. – Monsieur, votre fille est guérie.

SGANARELLE. – Ma fille est guérie !

LISETTE. – Oui, je vous amène un médecin, mais un médecin
d'importance, qui fait des cures merveilleuses, et qui se moque
des autres médecins...

575 SGANARELLE. – Où est-il ?

LISETTE. – Je vais le faire entrer.

SGANARELLE. – Il faut voir si celui-ci fera plus que les autres.


**SCÈNE 5** – Clitandre, *en habit de médecin,*
Sganarelle, Lisette

LISETTE. – Le voici.

SGANARELLE. – Voilà un médecin qui a la barbe bien jeune.

580 LISETTE. – La science ne se mesure pas à la barbe, et ce n'est pas
par le menton qu'il est habile.

SGANARELLE. – Monsieur, on m'a dit que vous aviez des remèdes
admirables pour faire aller à la selle[1].

---

1. **Aller à la selle** : aller aux toilettes, vider ses intestins.

CLITANDRE. – Monsieur, mes remèdes sont différents de ceux
585   des autres : ils ont l'émétique, les saignées, les médecines et
les lavements ; mais moi, je guéris par des paroles, par des
sons, par des lettres, par des talismans et par des anneaux
constellés<sup>●</sup>.

LISETTE. – Que vous ai-je dit ?

590   SGANARELLE. – Voilà un grand homme.

LISETTE. – Monsieur, comme votre fille est là toute habillée dans
une chaise, je vais la faire passer ici.

SGANARELLE. – Oui, fais.

CLITANDRE, *tâtant le pouls à Sganarelle*. – Votre fille est bien
595   malade.

SGANARELLE. – Vous connaissez cela ici ?

CLITANDRE. – Oui, par la sympathie qu'il y a entre le père et la
fille.

### SCÈNE 6 – LUCINDE, LISETTE, SGANARELLE, CLITANDRE

LISETTE. – Tenez, Monsieur, voilà une chaise auprès d'elle.
600   Allons, laissez-les là tous deux.

SGANARELLE. – Pourquoi ? Je veux demeurer là[1].

LISETTE. – Vous moquez-vous ? Il faut s'éloigner : un médecin a
cent choses à demander qu'il n'est pas honnête qu'un homme
entende.

605   CLITANDRE, *parlant à Lucinde à part*. – Ah ! Madame, que le
ravissement où je me trouve est grand ! et que je sais peu par

---

1. **Je veux demeurer là** : je veux rester ici.

● Les anneaux constellés sont
  des anneaux censés posséder
  des vertus magiques.

où commencer mon discours ! Tant que je ne vous ai parlé que des yeux, j'avais, ce me semblait, cent choses à vous dire ; et maintenant que j'ai la liberté de vous parler de la façon que je souhaitais, je demeure interdit[1] ; et la grande joie où je suis étouffe toutes mes paroles.

LUCINDE. – Je puis vous dire la même chose, et je sens, comme vous, des mouvements de joie qui m'empêchent de pouvoir parler.

CLITANDRE. – Ah ! Madame, que je serais heureux s'il était vrai que vous sentissiez tout ce que je sens, et qu'il me fût permis de juger de votre âme par la mienne ! Mais, Madame, puis-je au moins croire que ce soit à vous à qui je doive la pensée de cet heureux stratagème qui me fait jouir de votre présence[2] ?

LUCINDE. – Si vous ne m'en devez pas la pensée, vous m'êtes redevable au moins d'en avoir approuvé la proposition avec beaucoup de joie[3].

SGANARELLE, *à Lisette*. – Il me semble qu'il lui parle de bien près.

LISETTE, *à Sganarelle*. – C'est qu'il observe sa physionomie et tous les traits de son visage.

CLITANDRE, *à Lucinde*. – Serez-vous constante, Madame, dans ces bontés que vous me témoignez[4] ?

LUCINDE. – Mais vous, serez-vous ferme dans les résolutions que vous avez montrées ?

---

1. **Je demeure interdit** : je ne sais plus quoi dire.
2. **Mais, Madame, [...] présence ?** : est-ce bien vous qui avez eu l'idée de cette ruse pour que nous soyons ensemble ?
3. **Si vous ne [...] joie** : ce n'est pas moi qui en ai eu l'idée, mais vous pouvez me remercier d'avoir accepté avec beaucoup de joie.
4. **Serez-vous [...] témoignez ?** : est-ce que vos sentiments à mon égard ne risquent pas de changer ?

630 CLITANDRE. – Ah ! Madame, jusqu'à la mort. Je n'ai point de plus forte envie que d'être à vous, et je vais le faire paraître dans ce que vous m'allez voir faire.

SGANARELLE. – Hé bien ! notre malade, elle me semble un peu plus gaie.

635 CLITANDRE. – C'est que j'ai déjà fait agir sur elle un de ces remèdes que mon art enseigne. Comme l'esprit a grand empire sur le corps, et que c'est de lui bien souvent que procèdent les maladies, ma coutume est de courir à guérir les esprits, avant que de venir au corps. J'ai donc observé ses regards, les
640 traits de son visage, et les lignes de ses deux mains ; et par la science que le Ciel m'a donnée, j'ai reconnu que c'était de l'esprit qu'elle était malade, et que tout son mal ne venait que d'une imagination déréglée, d'un désir dépravé de vouloir être mariée. Pour moi je ne vois rien de plus extravagant et de plus
645 ridicule que cette envie qu'on a du mariage.

SGANARELLE. – Voilà un habile homme !

CLITANDRE. – Et j'ai eu, et aurai pour lui, toute ma vie, une aversion effroyable[1].

SGANARELLE. – Voilà un grand médecin.

650 CLITANDRE. – Mais, comme il faut flatter l'imagination des malades, et que j'ai vu en elle de l'aliénation d'esprit, et même qu'il y avait du péril à ne lui pas donner un prompt secours, je l'ai prise par son faible, et lui ai dit que j'étais venu ici pour vous la demander en mariage. Soudain son visage a changé, son
655 teint s'est éclairci, ses yeux se sont animés ; et si vous voulez, pour quelques jours, l'entretenir dans cette erreur, vous verrez que nous la tirerons d'où elle est.

---

1. **Et j'ai eu [...] effroyable** : j'ai toujours détesté le mariage,
je le déteste et je le détesterai toute ma vie.

SGANARELLE. – Oui-da, je le veux bien.

CLITANDRE. – Après nous ferons agir d'autres remèdes pour la
660 guérir entièrement de cette fantaisie.

SGANARELLE. – Oui, cela est le mieux du monde. Hé bien ! ma
fille, voilà Monsieur qui a envie de t'épouser, et je lui ai dit que
je le voulais bien.

LUCINDE. – Hélas ! est-il possible ?

665 SGANARELLE. – Oui.

LUCINDE. – Mais tout de bon ?[1]

SGANARELLE. – Oui, oui.

LUCINDE. – Quoi ? vous êtes dans les sentiments d'être mon
mari ?

670 CLITANDRE. – Oui, Madame.

LUCINDE. – Et mon père y consent ?

SGANARELLE. – Oui, ma fille.

LUCINDE. – Ah ! que je suis heureuse, si cela est véritable !

CLITANDRE. – N'en doutez point, Madame. Ce n'est pas
675 d'aujourd'hui que je vous aime, et que je brûle de me voir
votre mari. Je ne suis venu ici que pour cela ; et si vous
voulez que je vous dise nettement les choses comme elles
sont, cet habit n'est qu'un pur prétexte inventé, et je n'ai
fait le médecin que pour m'approcher de vous et obtenir ce
680 que je souhaite.

LUCINDE. – C'est me donner des marques d'un amour bien
tendre, et j'y suis sensible autant que je puis.

SGANARELLE. – Oh ! la folle ! Oh ! la folle ! Oh ! la folle !

LUCINDE. – Vous voulez donc bien, mon père, me donner
685 Monsieur pour époux ?

---

1. **Mais tout de bon** : vraiment ?

SGANARELLE. – Oui. Çà[1], donne-moi ta main. Donnez-moi un
peu aussi la vôtre, pour voir.

CLITANDRE. – Mais, Monsieur...

SGANARELLE, *s'étouffant de rire*. – Non, non : c'est pour... pour lui
contenter l'esprit. Touchez là. Voilà qui est fait.

CLITANDRE. – Acceptez, pour gage de ma foi, cet anneau que
je vous donne. C'est un anneau constellé, qui guérit les
égarements d'esprit.

LUCINDE. – Faisons donc le contrat, afin que rien n'y manque.

CLITANDRE. – Hélas ! je le veux bien, Madame. *(À Sganarelle.)* Je
vais faire monter l'homme qui écrit mes remèdes, et lui faire
croire que c'est un notaire.

SGANARELLE. – Fort bien.

CLITANDRE. – Holà ! faites monter le notaire que j'ai amené avec
moi.

LUCINDE. – Quoi ? vous aviez amené un notaire ?

CLITANDRE. – Oui, Madame.

LUCINDE. – J'en suis ravie.

SGANARELLE. – Oh ! la folle ! Oh ! la folle !

### SCÈNE 7 – LE NOTAIRE, CLITANDRE, SGANARELLE, LUCINDE, LISETTE

*Clitandre parle au notaire à l'oreille.*

SGANARELLE. – Oui, Monsieur, il faut faire un contrat pour ces
deux personnes-là. Écrivez. *(Le notaire écrit.)* Voilà le contrat
qu'on fait : je lui donne vingt mille écus en mariage. Écrivez.

---

1. Çà : allons !

710 LUCINDE. – Je vous suis bien obligée[1], mon père.

LE NOTAIRE. – Voilà qui est fait : vous n'avez qu'à venir signer.

SGANARELLE. – Voilà un contrat bientôt bâti.

CLITANDRE. – Au moins...

SGANARELLE. – Hé ! non, vous dis-je. Sait-on pas bien ? Allons,
715 donnez-lui la plume pour signer. Allons, signe, signe, signe.
Va, va, je signerai tantôt[2], moi.

LUCINDE. – Non, non : je veux avoir le contrat entre mes mains.

SGANARELLE. – Hé bien ! tiens. Es-tu contente ?

LUCINDE. – Plus qu'on ne peut s'imaginer.

720 SGANARELLE. – Voilà qui est bien, voilà qui est bien.

CLITANDRE. – Au reste, je n'ai pas eu seulement la précaution
d'amener un notaire ; j'ai eu celle encore de faire venir des voix
et des instruments pour célébrer la fête et pour nous réjouir.
Qu'on les fasse venir. Ce sont des gens que je mène avec moi, et
725 dont je me sers tous les jours pour pacifier avec leur harmonie
les troubles de l'esprit.

### SCÈNE DERNIÈRE – La comédie, Le ballet et La musique

TOUS TROIS, *ensemble.*

>Sans nous tous les hommes
>Deviendraient malsains,
730 >Et c'est nous qui sommes
>Leurs grands médecins.

LA COMÉDIE

>Veut-on qu'on rabatte,

---

1. **Je vous suis bien obligée** : je vous suis bien reconnaissante.
2. **Tantôt** : tout à l'heure, plus tard.

Par des moyens doux,
735    Les vapeurs de rate
Qui vous minent tous ?
Qu'on laisse Hippocrate,
Et qu'on vienne à nous.

TOUS TROIS, *ensemble.*
740    Sans nous...

*Durant qu'ils chantent, et que les Jeux, les Ris et les Plaisirs dansent,*
*Clitandre emmène Lucinde.*

SGANARELLE. – Voilà une plaisante façon de guérir. Où est donc ma fille et le médecin ?

745 LISETTE. – Ils sont allés achever le reste du mariage.

SGANARELLE. – Comment, le mariage ?

LISETTE. – Ma foi ! Monsieur, la bécasse est bridée[1], et vous avez cru faire un jeu, qui demeure une vérité.

SGANARELLE *(Les danseurs le retiennent et veulent le faire danser de*
750 *force).* – Comment, diable ! Laissez-moi aller, laissez-moi aller, vous dis-je. Encore ? Peste des gens !

---

1. **La bécasse est bridée** : vous avez été trompé. La bécasse
est un oiseau que l'on bride (que l'on ficèle comme un rôti)
avant de le faire cuire au four.

La cour du Roi Louis XIV, *gravure (xviiᵉ siècle), Paris, BnF.*

*Le Médecin volant* suivi de *L'Amour médecin*

# Deux comédies sur le mariage

# Qu'est-ce qu'une comédie au temps de Molière ?

**À l'époque de Molière, les pièces représentées au théâtre sont divisées en deux genres : la tragédie et la comédie\*. La tragédie est considérée comme le genre noble : elle traite de sujets sérieux. La comédie, quant à elle, fait rire le public en se moquant des défauts de ses personnages. En l'améliorant et en la transformant, Molière va lui redonner ses lettres de noblesse.**

## ● UN THÉÂTRE QUI FAIT RIRE

Pour faire rire le public, la comédie propose une action simple et un cadre ordinaire : la plupart du temps, il s'agit d'une dispute ou du projet de mariage d'un père pour l'un de ses enfants.

La comédie se termine toujours bien. Les jeunes amoureux arrivent à se marier malgré l'autorité du père, ceux qui se disputaient se réconcilient, et tous les personnages se retrouvent sur scène à la fin, contents que l'intrigue\* se finisse de façon heureuse.

## ● DES PROCÉDÉS COMIQUES NOMBREUX

Pour faire rire le public, la comédie emploie de nombreux procédés. Le comique de mots (par exemple le charabia pour se moquer du latin des médecins ou des savants), le comique de situation (faire croire qu'il y a deux personnages alors qu'il n'y en a qu'un, comme dans *Le Médecin volant*), le comique de caractère (par exemple le père, vieil avare autoritaire et stupide) sont très employés et font rire facilement les spectateurs.

### La farce

*Dans les comédies, on n'hésite pas à employer les procédés de la farce : un langage grossier, des procédés un peu « lourds » (coups de bâton, gestes déplacés ou même obscènes...). Très appréciée depuis le Moyen Âge, la farce est une forme de comique exagéré, qui n'a pas peur de choquer et provoque un rire facile.*

● **L'IMPORTANCE DE LA SATIRE**

Molière veut faire rire, mais aussi se moquer des gens de son temps, en montrant de façon amusante les défauts typiques de certaines catégories sociales. Les valets, par exemple, sont rusés et trompent volontiers leurs maîtres.

Molière se moque tout particulièrement des médecins de son temps : il dénonce leur attachement excessif à l'argent et leur incapacité à guérir les malades.

Les comédies de Molière veulent ainsi corriger, « améliorer » par le rire certains défauts typiquement humains, qui sont le lot de tous.

*Dans* L'Amour médecin, *M. Filerin explique longuement que les médecins doivent gagner de l'argent aux dépens des malades.*

● **L'INFLUENCE DE LA *COMMEDIA DELL'ARTE***

Deux reines de France d'origine italienne (Catherine et Marie de Médicis) ont fait venir à Paris des comédiens italiens. D'abord « amateurs » (*dilettanti*), ils sont devenus comédiens « de métier » (*dell'arte*). Ils amusent le public par de petites comédies à l'action très simple, qui laissent beaucoup de place à l'improvisation\* et au jeu des comédiens\*.

Louis XIV aime beaucoup ces divertissements et autorise les « Italiens » à jouer au Palais-Royal, en alternance avec la troupe de Molière. On retrouve d'ailleurs l'influence de la comédie italienne dans les pièces de Molière.

## La comédie italienne

*Les personnages de la comédie italienne sont toujours les mêmes : Pantalon (vieux marchand avare et cupide), Arlequin (serviteur vif et malicieux), Polichinelle (valet bossu, menteur et voleur...). Il y a toujours aussi un couple de beaux jeunes gens, dont l'amour finit par triompher.*

*Les comédiens portent des masques, qui leur cachent la moitié du visage mais qui permettent de reconnaître immédiatement le personnage-type qu'ils interprètent. Ils doivent donc accentuer les gestes et les jeux de scène, les gags qui font rire : ce sont les lazzis, très attendus du public.*

# Qu'est-ce qu'une comédie-ballet ?

*Molière exploite tous les types de la comédie : il écrit des comédies d'intrigue\* (pleines d'action et de rebondissements, comme Les Fourberies de Scapin), des comédies de mœurs ou de caractère (comme L'Avare). Mais son génie va plus loin : il crée un « nouveau genre pour le théâtre » : la comédie-ballet\*.*

● **LA NAISSANCE DE LA COMÉDIE-BALLET**

Lorsque Molière crée ce nouveau spectacle, on parle d'abord de « comédie mêlée ». En effet, il s'agit bien d'un « mélange » de théâtre, de danse et de musique. Lors de la première pièce, *Les Fâcheux*, en 1661, Molière cherche à distraire les spectateurs pendant les entractes, de façon à laisser aussi le temps aux comédiens de changer de costumes !

Les pièces sont écrites d'abord et surtout pour le roi Louis XIV. Comme on l'entend dans le prologue de *L'Amour médecin*, les trois arts s'unissent « pour donner du plaisir au plus grand Roi du monde ». Celui-ci aime le spectacle et offre volontiers à son entourage des divertissements et des fêtes somptueuses, reflet de sa gloire et de son prestige. La pièce est ensuite proposée au public, dans une salle de théâtre plus modeste.

● **DES ARTISTES « ASSOCIÉS »**

Molière travaille avec les plus grands artistes de son temps : les compositeurs Lully et Charpentier, le maître de danse Beauchamp, mais aussi avec beaucoup d'autres spécialistes et artisans qui réalisent décors, costumes et accessoires.

Il ne se contente pas d'inclure des « intermèdes », mais cherche à réaliser un spectacle complet et cohérent, chaque passage musical ou dansé s'inscrivant dans l'intrigue de la pièce.

*Divertissements entre les actes d'une pièce, ils peuvent être dansés, chantés...*

## ● DES ŒUVRES RESTÉES CÉLÈBRES

Molière a écrit une dizaine de comédies-ballets pendant une quinzaine d'années. Il a écrit *L'Amour médecin* en 1665, mais les deux comédies-ballets les plus célèbres sont *Le Bourgeois gentilhomme*, écrite en 1670 avec Lully, et *Le Malade imaginaire*, écrite en 1673 avec Charpentier. Cette dernière pièce est d'ailleurs celle qui le verra presque mourir sur scène, après la quatrième représentation.

*Molière était malade et les médecins n'arrivaient pas à le guérir. Il avait donc beaucoup de choses à leur reprocher !*

## ● L'ORIGINE DE NOUVEAUX SPECTACLES

La comédie-ballet a été inventée par Molière et a cessé d'exister à la mort de ce dernier.

Mais son œuvre est restée célèbre et ce nouveau genre a donné naissance à d'autres formes de théâtre chanté et dansé : l'opéra-comique au XVIIIᵉ siècle, le vaudeville ensuite, puis l'opérette.

Les comédies musicales modernes de notre époque sont certainement aussi les héritières de cette invention géniale de Molière.

### Les « associés » de Molière

*Jean-Baptiste Lully est né en Italie en 1632 et mort à Paris en 1687. Il est surintendant de la musique de Louis XIV (sorte de ministre des arts musicaux). Celui-ci lui demande de travailler avec Molière et ils collaborent jusqu'en 1671. Mais ils se disputent et se séparent. Molière cherche alors un autre collaborateur.*

*Marc-Antoine Charpentier est né à Paris en 1643 et mort en 1704. Il a collaboré avec Molière pour quelques comédies-ballets, mais il est surtout célèbre de nos jours pour son Te Deum. Cette œuvre sert en effet d'hymne pour l'Eurovision et pour le tournoi de rugby des Six nations.*

# Étape 1 • Étudier les scènes d'exposition

**SUPPORT** • *Le Médecin volant*, scènes 1, 2 et 3
**OBJECTIF** • Analyser la mise en place de l'intrigue.

## As-tu bien lu ?

**1** Sabine est :
☐ la sœur de Lucile
☐ la mère de Lucile
☐ la cousine de Lucile

**2** Pour différer son mariage, Lucile a décidé :
☐ d'entrer au couvent
☐ de faire croire qu'elle est malade
☐ de se sauver de chez elle

**3** Par quel moyen Valère arrive-t-il à convaincre Sganarelle de jouer le rôle d'un médecin ?

**4** Comment le valet de Valère s'appelle-t-il ? et celui de Gorgibus ?

## Des personnages dans une situation délicate

**5** De qui Lucile est-elle amoureuse ? À qui son père veut-il pourtant la marier ?

**6** Que nous apprend Gros-René sur ce personnage à la scène 3 ?

**7** Dans la scène 1, Sabine parle de l'avarice et de la crédulité du père de Lucile. Retrouve les phrases où il est question de ces qualificatifs.

| | |
|---|---|
| Gorgibus est avare. | |
| Gorgibus est crédule. | |

**8** **a.** Qui a eu l'idée du stratagème pour différer le mariage de Lucile ?
**b.** Qui doit être la victime de cette ruse ?

## Des procédés comiques

**9** Dans la scène 2, relève deux exemples de comique de mots dans les paroles prononcées par Sganarelle.

**10** À la fin de la scène 2, Sganarelle a changé d'avis. Explique pourquoi cela constitue un comique de situation.

**11** Gros-René se déclare « désespéré » à la fin de la scène 3. Pourquoi peut-on parler ici de comique de caractère ?

## La langue et le style

**12 a.** Valère déclare à Sganarelle : « Il faut que tu contrefasses le médecin. » Quel est l'infinitif du verbe employé ici ?

**b.** Cite deux autres mots de la même famille et donne leur signification.

## Faire le bilan

**13** À quoi servent les scènes d'exposition dans une pièce de théâtre ?

**14** Au théâtre, il n'y a pas de narrateur. Qu'est-ce qui permet alors au spectateur de comprendre l'intrigue ?

**15** Complète le texte à l'aide des mots suivants : valet – médecin – vieil homme – comédie – fait semblant – tromper.

Cette pièce de Molière est une ............................ . Bien que sa fille Lucile aime Valère, Gorgibus veut la marier à un ............................ . Sur le conseil de sa cousine Sabine, la jeune fille ............................ d'être malade. Valère demande à son ............................ Sganarelle de jouer le rôle d'un ............................ pour ............................ Gorgibus.

## À toi de jouer

**16** Avec un camarade, joue devant la classe le début de la scène 2. Fais attention à bien respecter les caractéristiques de chaque personnage (Valère cherche à convaincre Sganarelle, ce dernier est malin et a besoin d'argent...).

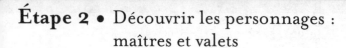

# Étape 2 • Découvrir les personnages : maîtres et valets

**SUPPORT** • *Le Médecin volant*, scènes 4 à 16

**OBJECTIF** • Comprendre le rôle des valets dans la comédie de Molière.

## As-tu bien lu ?

**1** Au lieu d'ausculter la malade, Sganarelle :
- ☐ prend sa température
- ☐ fait une analyse de sang
- ☐ goûte ses urines

**2** Sganarelle invente une ruse. Il fait croire à Gorgibus :
- ☐ qu'il a un frère jumeau
- ☐ qu'il est apothicaire
- ☐ qu'il doit partir pour l'étranger

**3** Qui incite Gorgibus à réunir à tout prix Sganarelle et son « frère » ?

**4** Que font Valère et Lucile pendant que Sganarelle joue des tours à Gorgibus ?

## Maîtres et valets

**5** À qui Valère a-t-il demandé de l'aide à la scène 1 ? De qui a-t-il besoin ensuite ? Que peut-on en conclure ?

**6** Donne trois exemples de la crédulité de Gorgibus.

| | |
|---|---|
| Scène 4 | |
| Scène 11 | |
| Scène 15 | |

**7** Quel prénom Sganarelle a-t-il trouvé pour le « frère » qu'il s'est inventé ? En quoi ce prénom est-il particulièrement bien choisi ?

**8** Au début de la pièce, Sganarelle se déclarait incapable de jouer la comédie (scène 2, l. 40-41). Combien de rôles va-t-il pourtant jouer à partir de la scène 10 ?

**9** Dans la scène 15, pourquoi Gros-René reste-t-il sur les lieux ? Que veut-il faire ?

**10** Quel conseil donne-t-il ensuite à son maître ? dans quel but ?

**11** Des maîtres ou des valets, lesquels te paraissent les plus intelligents ? Justifie ta réponse en donnant deux exemples choisis dans les scènes étudiées.

## Un dénouement heureux

**12** Grâce à qui Lucile peut-elle finalement épouser celui qu'elle aime ?

**13** Pourquoi peut-on dire que la fin de la pièce est heureuse ?

**14** Quelle qualité de Gorgibus est mise en évidence dans la dernière scène ? Montre que cette qualité le rend plus sympathique que ridicule.

## La langue et le style

**15** « Je me suis introduit chez lui, et lui ai conseillé de faire prendre l'air à sa fille, laquelle est à présent dans un appartement qui est au bout de leur jardin, tellement qu'elle est fort éloignée du vieillard et que vous pouvez l'aller voir commodément. » Réécris ces paroles de Sganarelle en langage courant. Tu formeras trois phrases au lieu d'une.

## Faire le bilan

**16 a.** Au début de la pièce, quel personnage détenait le pouvoir ?

**b.** Qui est pourtant le héros de cette histoire ?

## À toi de jouer

**17** Quelque temps plus tard, Gorgibus rend visite à Villebrequin pour lui annoncer que sa fille a finalement épousé Valère. Avec un camarade, imagine la scène et joue-la ensuite devant la classe.

# Étape 3 • Étudier la ruse comme ressort théâtral

**SUPPORT** • *L'Amour médecin*, acte I

**OBJECTIF** • Comprendre que la ruse est un moteur de l'action.

## As-tu bien lu ?

**1** Que sait-on de la femme de Sganarelle ?
☐ elle est méchante    ☐ elle est morte    ☐ elle vient de le quitter

**2** La fille unique de Sganarelle :
☐ est malade    ☐ est triste    ☐ veut entrer au couvent

**3** Complète le tableau suivant et explique pourquoi les personnages donnent ces conseils à Sganarelle dans la scène 1.

| Personnage et rapport avec Sganarelle | Conseil donné | Raison de ce conseil |
|---|---|---|
| Monsieur Guillaume, marchand de tapisseries | ................................ ................................ | Monsieur Guillaume essaie de vendre sa marchandise. |
| Monsieur Josse, ................................ | Il faut acheter un beau bijou à Lucinde (scène 1, l. 34 à 36). | ................................ ................................ |
| ................................, voisine de Sganarelle | ................................ ................................ | Aminte est amoureuse d'un garçon qui semble attiré par Lucinde. Elle aura le champ libre si Lucinde se marie... |
| Lucrèce, ................................ | Il faut mettre Lucinde dans un couvent (l. 47 à 49). | ................................ |

## Deux cœurs malheureux

**4** Dans la scène 1, pourquoi Sganarelle est-il inquiet ? À qui se confie-t-il ?

**5** Dans la scène 2, à quels signes voit-on qu'il aime tendrement sa fille Lucinde ?

**6** Comment réagit-il cependant lorsqu'il comprend la raison de la tristesse de la jeune fille ?

## Sganarelle ou Lisette : qui est le plus rusé ?

**7** Comment Sganarelle fait-il pour ne pas répondre à ce que lui disent Lisette et Lucinde ?

**8** Compare son attitude dans la scène 2 et dans la scène 3. Quels mots, dans son monologue de la scène 5, expliquent ce changement ?

**9** **a.** Au début de la scène 6, Lisette appelle son maître. Pourquoi fait-elle semblant de ne pas le voir ?

**b.** En quoi cette attitude est-elle particulièrement drôle ici ?

**10** À quoi voit-on que Sganarelle se laisse tromper par sa servante ? Quelle décision prend-il aussitôt ?

### La langue et le style

**11** « Il n'y a point de pires sourds que ceux qui ne veulent point entendre ». Comment appelle-t-on ce genre de phrase ? Cite deux autres phrases du même type, donne le nom de leur auteur et leur signification.

### Faire le bilan

**12** Presque tous les personnages paraissent assez rusés dès le premier acte. Complète le tableau suivant, en donnant des exemples de leur comportement.

| Personnage | Comportement indiquant la ruse |
| --- | --- |
| Sganarelle | Fait semblant de ne pas comprendre que sa fille est amoureuse. |
| M. Guillaume | |
| M. Josse | |
| Aminte | |
| Lucrèce | |
| Lisette | |

**13** Pourquoi peut-on dire que la ruse est un élément essentiel de cette comédie ?

### À toi de jouer

**14** Beaucoup de personnages de la littérature sont célèbres pour leur ruse ; tu en connais certainement au moins un. Cite-le et rédige un court paragraphe où tu donneras un exemple d'une ruse amusante mise en place par ce personnage.

# Étape 4 • Apprécier le dénouement de la comédie

**SUPPORT** • *L'Amour médecin*, acte III

**OBJECTIF** • Étudier un dénouement heureux, le mariage d'amour.

## As-tu bien lu ?

**1** Clitandre s'est déguisé :
☐ en marchand      ☐ en médecin      ☐ en notaire

**2** Il déclare qu'il guérit les malades à l'aide de :
☐ paroles      ☐ saignées      ☐ médicaments

**3** Pour quelle raison s'est-il en fait introduit auprès de Lucinde ?

## Le triomphe de l'amour

**4** Clitandre déclare (scène 5) qu'il est différent des autres médecins. En quoi est-ce très habile ?

**5** Sous quel prétexte Lisette éloigne-t-elle Sganarelle de sa fille lors de la consultation (scène 6) ? Dans quel but agit-elle ainsi ?

**6** Par quelles paroles Clitandre cherche-t-il à plaire à Sganarelle dans la scène 6 ?

**7** Qui parle de mariage à Lucinde ? En quoi est-ce particulièrement amusant ici ?

**8** Sganarelle répète à plusieurs reprises : « Oh ! la folle ! Oh ! la folle ! » Montre que cela rend son personnage ridicule et amusant.

**9** Clitandre propose de faire rédiger un contrat de mariage. Pourquoi ?

## Tout (ou presque) est bien qui finit bien

**10** Quel cadeau Sganarelle fait-il à sa fille pour son mariage (scène 7) ?

**11** Pourquoi est-il pressé que sa fille signe le contrat ?

**12** Que propose Clitandre pour achever le mariage (scène 7) ? Cite les paroles de Sganarelle, montrant que cela lui plaît tout d'abord.

**13** Que font Clitandre et Lucinde pendant le bal et la musique ?

**14** Qui annonce à Sganarelle qu'il a été trompé ?

**15** Le spectateur partage-t-il le bonheur de Lucinde et Clitandre ou la mauvaise humeur de Sganarelle ? À ton avis, pourquoi ?

## La langue et le style

**16** Il y a différentes façons d'exprimer l'ordre. Complète le tableau suivant à l'aide d'exemples trouvés dans les scènes 4 et 7.

| Personnage | Paroles prononcées | Expression de l'ordre |
|---|---|---|
| Lisette (scène 4) | « Réjouissez-vous » (l. 561) | Impératif |
| Sganarelle (scène 4) | .................................................. .................................................. | Impératif |
| Lisette (scène 4) | .................................................. .................................................. | Verbe de volonté + verbe au subjonctif |
| Clitandre (scène 7) | .................................................. .................................................. | Subjonctif |

## Faire le bilan

**17 a.** La situation s'est-elle modifiée entre le début et la fin de la pièce ? En quel sens ?

**b.** Pourquoi peut-on dire que le dénouement est heureux ?

## À toi de jouer

**18** Relis la dernière scène du *Médecin volant* et compare-la avec la dernière scène de *L'Amour médecin*. Quelles ressemblances et quelles différences relèves-tu dans le dénouement de ces deux pièces ?

# Étape 5 • Découvrir le genre de la comédie-ballet

**SUPPORT** • *L'Amour médecin*

**OBJECTIF** • Étudier le principe et la finalité de la comédie-ballet.

## As-tu bien lu ?

**1** Comment l'opérateur vante-t-il les mérites de son orviétan (acte II, scène 7) ?
- ☐ en dansant
- ☐ en chantant
- ☐ en l'avalant

**2** Pourquoi Clitandre a-t-il amené des musiciens avec lui (acte III, scène 7) ?

## Un objectif : distraire

**3** Dans son avis au lecteur (p. 35), que conseille Molière pour les représentations futures de *L'Amour médecin* ?

**4** Dans le prologue (p. 38), dans quel but la Comédie, la Musique et le Ballet s'unissent-ils ?
- ☐ pour parler à Molière
- ☐ pour danser avec les personnages
- ☐ pour donner du plaisir au plus grand roi du monde

**5** À quels moments de la pièce les instruments interviennent-ils ?

**6** Que font tous les personnages sur scène lorsque la pièce s'achève ?

## Un spectacle complet et entièrement nouveau

**7** À la fin de l'acte I, comment Champagne s'en va-t-il chercher les médecins ? Qui chante à la fin de l'acte II ?

**8** Comment les valets de l'opérateur manifestent-ils leur plaisir à la fin de l'acte II ?
- ☐ en mangeant
- ☐ en buvant
- ☐ en dansant

**9** Dans la dernière scène de la pièce, que déclarent la Comédie, le Ballet et la Musique ?

**10** Quel était l'objectif de Molière en présentant une comédie-ballet au public ?

**11** Dans son avis au lecteur (p. 35), quel jugement Molière porte-t-il sur la pièce ?

**12 a.** À l'aide de quel adjectif Molière qualifie-t-il le compositeur Lully ?

**b.** Quelle qualité prête-t-il aux chanteurs et aux danseurs ?

**13** Pourquoi Molière juge-t-il ces « ornements » indispensables à sa pièce ?

## La langue et le style

**14 a.** *L'Amour médecin* comporte deux *entractes*. Comment ce mot est-il formé ?

**b.** Donne sa définition exacte et explique à quoi sert un entracte.

## Faire le bilan

**15** Peux-tu maintenant expliquer ce qu'est une comédie-ballet ?

**16** Complète le texte à l'aide des mots suivants : public – comédie-ballet – danseurs – comédie – musiciens – chanteurs – spectacle.

*L'Amour médecin* est une ........................ : des ........................ et des ........................ , accompagnés de ........................ , interviennent sur la scène et participent à la ........................ qui est jouée. Molière offre ainsi un ........................ complet à son ........................ .

## À toi de jouer

**17** Entraîne-toi à tenir le rôle de l'opérateur et essaie de chanter comme lui (acte II, scène 7), de façon à rendre amusante la liste des maladies qu'il énumère.
Tu choisiras la musique qui te semble la mieux adaptée.

# Étape 6 • Analyser la satire dans la comédie

**SUPPORT** • *Le Médecin volant* et *L'Amour médecin*

**OBJECTIF** • Étudier la satire faite par Molière.

## As-tu bien lu ?

**1** Quel traitement Sganarelle doit-il prescrire à Lucile dans *Le Médecin volant* ?

**2** Comment Sganarelle établit-il son diagnostic ?

**3** Dans les deux pièces, les médecins prennent le pouls du père. Comment expliquent-ils ce geste ?

## Les pères et leurs enfants

**4** Dans *Le Médecin volant*, pourquoi Lucile est-elle obligée de faire semblant d'être malade ?

**5** Dans *L'Amour médecin*, comment Sganarelle réagit-il lorsque Lucinde lui dit qu'elle veut se marier ?

## Les maîtres et leurs valets

**6** Comment sont caractérisés les personnages suivants, d'après leur entourage ?

– Dans *Le Médecin volant*, Gorgibus est :

☐ avare ☐ généreux ☐ vieux ☐ jeune
☐ crédule ☐ intelligent ☐ grossier ☐ fin

– Dans *L'Amour médecin*, Sganarelle est :

☐ égoïste ☐ généreux ☐ autoritaire
☐ conciliant ☐ crédule ☐ intelligent

**7** Comment Valère juge-t-il son valet dès la scène 1 du *Médecin volant* ?

**8** À quelle condition Sganarelle accepte-t-il de « contrefaire » le médecin dans la scène 2 ? Quel trait de caractère cela révèle-t-il ?

**9** Gros-René se déclare « désespéré ». Pourquoi ce terme fait-il rire (scène 3) ?

## Les médecins et leurs malades

**10** Dans *Le Médecin volant* (scène 4), quels moyens Sganarelle emploie-t-il pour faire le savant ?

**11** Dans *L'Amour médecin*, quel jugement Lisette porte-t-elle sur les médecins (acte II, scène 1) ?

**12** Les quatre médecins examinent-ils la malade ? Que peut-on en conclure sur leur compétence ?

**13 a.** Dans les deux pièces, retrouve les grandes étapes d'une consultation et indique ce que font les faux médecins.

| | Sganarelle dans *Le Médecin volant* (scènes 4 à 8) | Clitandre dans *L'Amour médecin* (acte III, scènes 5 et 6) |
|---|---|---|
| Interrogatoire | | |
| Auscultation | | |
| Diagnostic | | |
| Prescription | | |
| Perception d'honoraires | | |

**b.** Pourquoi peut-on dire qu'il s'agit ici d'une parodie et d'une satire ?

## La langue et le style

**14** « J'ai grand peur qu'elle ne *meure* » (*Le Médecin volant*, scène 4) ; « Il faut que *j'aille* acheter de l'orviétan et que je lui en *fasse* prendre » (*L'Amour médecin*, acte II, scène 6). Indique à quel mode et à quel temps sont conjugués les verbes en italique.

## Faire le bilan

**15** De quelles personnes Molière se moque-t-il particulièrement dans ces deux pièces ?

## À toi de jouer

**16** Avec un camarade, imagine une scène de consultation à la façon de Molière : un médecin bizarre examine un malade et propose un traitement farfelu.

# Étape 7 • Observer la place des femmes chez Molière

**SUPPORT** • *Le Médecin volant, L'Amour médecin* et l'enquête

**OBJECTIF** • Étudier le statut des filles et des femmes dans les comédies de Molière.

## As-tu bien lu ?

**1** Observe la liste des personnages des deux pièces. Combien comptes-tu d'hommes ? Et de femmes ? Qu'en conclus-tu ?

## Des pères dominateurs et tout-puissants

**2** Que savons-nous des femmes de Gorgibus et Sganarelle ? Pourquoi n'interviennent-elles pas dans les deux pièces ?

**3** Lucile (*Le Médecin volant*) et Lucinde (*L'Amour médecin*) peuvent-elles épouser qui elles veulent ? Pourquoi ?

**4** À ton avis, pourquoi Gorgibus et Sganarelle assistent-ils aux consultations données par les médecins ?

**5** Gorgibus et Sganarelle sont trompés tous les deux. Compare leur réaction dans les scènes finales, et explique à quoi sont dues ces différences.

## Des femmes soumises mais rusées

**6** Pourquoi Lucile et Lucinde ne peuvent-elles s'opposer à la volonté de leur père ?

**7** Dans *L'Amour médecin*, comment Sganarelle manifeste-t-il son autorité ?

**8** À quoi voit-on qu'il est assez égoïste malgré l'affection qu'il montre pour sa fille ?

**9** De tous les personnages, qui aide Lucile (*Le Médecin volant*) et Lucinde (*L'Amour médecin*) ?

☐ leurs pères       ☐ leurs amies ou servantes       ☐ les médecins

**10** À quoi voit-on que Lisette ne se laisse pas impressionner par le « savoir » des médecins (acte II, scène 2) ?

**11** Dans *L'Amour médecin*, observe les paroles de Lisette dans l'acte III, scènes 4 à 6. À quoi voit-on que c'est elle qui mène le jeu ?

**12** Quel personnage, à la fin de la pièce, annonce à Sganarelle qu'il a été trompé ?

## La langue et le style

**13 a.** Les expressions employées par Lisette dans *L'Amour médecin* (acte I, scène 5) sont-elles des comparaisons ou des métaphores ? Explique ce que signifient ces phrases.

| | Comparaison ou métaphore ? | Signification de l'expression |
|---|---|---|
| « Il ne faut pas se laisser mener comme un oison. » | | |
| « Croit-il que vous soyez de marbre ? » | | |

**b.** Retrouve, dans la dernière scène, une autre expression du même type employée par Lisette.

## Faire le bilan

**14** Quelle image des femmes de son époque Molière voulait-il donner ?

**15** En mettant en scène des servantes intelligentes et rusées, que voulait-il faire comprendre ?

## À toi de jouer

**16** Fais une recherche au CDI ou sur Internet et réalise un article sur l'évolution des droits des femmes au cours des siècles. Depuis quand les femmes peuvent-elles voter, avoir un compte en banque, travailler ou signer un contrat, etc. ?

# Le mariage imposé aux filles : groupement de documents

**OBJECTIF** • Étudier et comparer trois documents traitant du mariage des filles.

**DOCUMENT 1** 🕮 MOLIÈRE, *Le Malade imaginaire*, acte III, scène 5, 1673.

*Argan a deux filles. Il souhaite marier l'aînée à un médecin afin d'avoir chez lui quelqu'un pour le soigner car il se croit malade.*

BÉRALDE. – D'où vient, mon frère, qu'ayant le bien[1] que vous avez et n'ayant d'enfants qu'une fille, car je ne compte pas la petite ; d'où vient, dis-je, que vous parlez de la mettre dans un couvent ?

ARGAN. – D'où vient, mon frère, que je suis maître dans ma famille, pour faire ce que bon me semble ?

BÉRALDE. – Votre femme ne manque pas de vous conseiller de vous défaire ainsi de vos deux filles ; et je ne doute point que, par un esprit de charité, elle ne fût ravie de les voir toutes deux bonnes religieuses[2].

ARGAN. – Oh çà ! Nous y voici. Voilà tout d'abord la pauvre femme en jeu. C'est elle qui fait tout le mal, et tout le monde lui en veut.

BÉRALDE. – Non, mon frère ; laissons-la là ; c'est une femme qui a les meilleures intentions du monde pour votre famille, et qui est détachée de toute sorte d'intérêt ; qui a pour vous une tendresse merveilleuse, et qui montre pour vos enfants une affection et une bonté qui n'est pas concevable : cela est certain. N'en parlons point, et revenons à votre fille. Sur quelle pensée, mon frère, la voulez-vous donner en mariage au fils d'un médecin ?

ARGAN. – Sur la pensée, mon frère, de me donner un gendre tel qu'il me faut.

BÉRALDE. – Ce n'est point là, mon frère, le fait de votre fille ; et il se présente un parti[3] plus sortable[4] pour elle.

---

1. **Le bien** : la fortune, l'argent (Argan est riche).

2. **Elle ne fût ravie...** : Béralde insinue que la nouvelle femme d'Argan souhaite se débarrasser des filles de son mari, afin d'être la seule à hériter de sa fortune.

3. **Un parti** : un mari (quelqu'un qui la demande en mariage).

4. **Plus sortable** : plus convenable, mieux adapté à son âge et à sa situation.

ARGAN. – Oui ; mais celui-ci, mon frère, est plus sortable pour moi.

BÉRALDE. – Mais le mari qu'elle doit prendre doit-il être, mon frère, ou pour elle, ou pour vous ?

ARGAN. – Il doit être, mon frère, et pour elle et pour moi ; et je veux mettre dans ma famille les gens dont j'ai besoin.

BÉRALDE. – Par cette raison-là, si votre petite était grande, vous lui donneriez en mariage un apothicaire[5] ?

ARGAN. – Pourquoi non ?

5. **Apothicaire** : pharmacien.

**DOCUMENT 2** 🦅 WILLIAM SHAKESPEARE, *Roméo et Juliette*, acte II, scène 5, 1597, traduction de François-Victor Hugo.

*Le seigneur Capulet, père de Juliette, veut obliger sa fille à épouser un de ses amis, le comte Pâris. Mais Juliette, âgée de seize ans, est amoureuse de Roméo, qu'elle vient d'épouser secrètement...*

*Dans la chambre de Juliette.*
Capulet, Lady Capulet, Juliette, La Nourrice

JULIETTE, *s'agenouillant*. – Cher père, je vous en supplie à genoux, ayez la patience de m'écouter ! Rien qu'un mot !

CAPULET. – Au diable, petite bagasse[1] ! Misérable révoltée ! Tu m'entends, rends-toi à l'église jeudi, ou évite de me rencontrer jamais face à face. Ne parle pas, ne réplique pas, ne me réponds pas ; mes doigts me démangent... [...]

1. **Bagasse** : insulte signifiant « femme de mauvaise vie ».

LA NOURRICE. – Que le Dieu du ciel la bénisse ! Vous avez tort, monseigneur, de la traiter ainsi.

CAPULET. – Et pourquoi donc, dame Sagesse ?.... Retenez votre langue, maîtresse Prudence, et allez bavarder avec vos commères. [...]

LADY CAPULET. – Vous êtes trop brusque.

CAPULET. – Jour de Dieu ! J'en deviendrai fou. Le jour, la nuit, à toute heure, à toute minute, à tout moment, que je fusse occupé ou non, seul ou en compagnie, mon unique souci a été de la marier ; enfin je trouve un gentilhomme de noble lignée[2], ayant de beaux domaines, jeune, d'une noble éducation, pétri, comme on dit, d'honorables qualités, un homme aussi accompli qu'un cœur peut le souhaiter, et il faut qu'une petite sotte pleurnicheuse, une poupée gémissante, quand on lui offre sa fortune, réponde : « Je ne veux pas me marier, je ne puis aimer, je suis trop jeune, je vous prie de me pardonner ! » Ah ! si vous ne vous mariez pas, vous verrez comme je vous pardonne ; allez paître où vous voudrez, vous ne logerez plus avec moi. Faites-y attention, songez-y, je n'ai pas coutume de plaisanter. Jeudi approche ; mettez la main sur votre cœur, et réfléchissez. Si vous êtes ma fille, je vous donnerai à mon ami ; si tu ne l'es plus, va au diable, mendie, meurs de faim dans les rues. Car, sur mon âme, jamais je ne te reconnaîtrai, et jamais rien de ce qui est à moi ne sera ton bien[3]. Compte là-dessus, réfléchis, je tiendrai parole. *(Il sort.)*

---

2. **De noble lignée** : dont les ancêtres sont honorablement connus.

3. **Rien de ce qui est à moi ne sera ton bien** : tu seras déshéritée.

**DOCUMENT 3**  JEAN-BAPTISTE GREUZE, *L'Accordée de village*, 1761.

*Jean-Baptiste Greuze (1725-1805) est un peintre et dessinateur français. Il est très célèbre pour ses tableaux « de genre » représentant des scènes familières ou domestiques. Il a réalisé aussi de nombreux portraits.*

Huile sur toile *(Paris, musée du Louvre).*

## As-tu bien lu ?

**1** À qui Argan veut-il marier sa fille aînée ?

**2** Béralde est :
☐ le frère d'Argan
☐ le cousin d'Argan
☐ le voisin d'Argan

**3** À qui Capulet veut-il marier sa fille Juliette ?

**4** De quoi la menace-t-il en cas de désobéissance ?

## Comparer les textes

**5** Dans le document 1, quels arguments Béralde donne-t-il à son frère pour le dissuader de marier sa fille à un médecin ?

**6** **a.** Quelles raisons Argan avance-t-il pour justifier sa décision ?

**b.** Ces raisons te semblent-elles acceptables ?

**7** Dans le document 2, contre qui et pourquoi Capulet est-il en colère ?

**8** Qu'a demandé Juliette à son père ? Pourquoi Capulet ne veut-il pas accéder à sa demande ?

**9** Lady Capulet et la nourrice prennent la défense de Juliette. Ces interventions sont-elles efficaces ? pourquoi ?

**10** Dans les deux documents, à quoi voit-on que les pères ont tous les droits sur leurs filles ?

## Lire l'image

**11** Où la scène se déroule-t-elle ? Indique les éléments du décor qui t'ont permis de répondre.

**12** Examine les différents personnages représentés sur l'image, puis indique dans le tableau qui ils sont et où ils se trouvent.

| le père | |
|---|---|
| | assise sur une chaise, à gauche |
| la jeune fille | |
| le futur mari | |
| | à gauche, en bas et au pied de l'escalier |
| | à droite, derrière le fauteuil |
| | au premier plan, assis à une table |

**13** Qui est le personnage assis devant la table, une plume à la main ?
Que fait-il ?

**14** À ton avis, pourquoi la jeune fille qui s'appuie sur l'autre est-elle en train
de pleurer ?

**15** Ce tableau a eu un grand succès lors de sa première exposition,
car il représentait de façon réaliste les pratiques de l'époque. Quels
éléments pourraient illustrer les situations que tu as étudiées dans
les documents 1 et 2 ?

**16** Que signifie le titre du tableau ?

### Faire le bilan

**17** Explique pourquoi, au XVIIe siècle, certaines femmes parlaient
de la « tyrannie » du mariage.

### À toi de jouer

**18** L'histoire de Roméo et Juliette a inspiré de nombreux artistes. Fais une
recherche au CDI ou sur Internet et réalise un court exposé présentant
les versions les plus célèbres de cet amour éternel.

*Au XVIIᵉ siècle, la situation des femmes commence à évoluer : elles jouent un rôle important dans la société, même si leurs activités sont encore peu reconnues, parfois même dévalorisées.*

*Elles ne participent pas encore activement à la vie politique et économique mais commencent à pouvoir s'exprimer plus librement.*

# La condition des femmes au XVIIe siècle

# Quelle est la place des femmes dans la famille ?

*Au XVIIᵉ siècle, les filles et les femmes sont encore considérées comme des êtres imparfaits, inférieurs aux hommes. La société, très inégalitaire, s'appuie sur des théories mises en place depuis des siècles, exposant l'infériorité supposée de la femme et justifiant la domination des hommes. Pourtant, le rôle des femmes est très important, dans tous les domaines, et plus particulièrement dans la sphère de la famille.*

La Femme en ménage, *gravure (XXIᵉ siècle)*, Paris, BnF.

## ● NAÎTRE FILLE

Les familles sont généralement très nombreuses à l'époque de Molière, mais la mortalité infantile est tellement importante qu'il ne subsiste que peu d'enfants au bout de trois ou quatre années. La perte d'un enfant est toujours triste, mais elle est considérée comme banale et inévitable...

Cependant, les familles accordent une importance particulière aux enfants garçons. Depuis des siècles, la transmission du patrimoine[1] se fait par le fils aîné : avoir

1. Ensemble des biens, fortune de la famille.

un garçon, c'est donc l'assurance que le nom, la fortune ou les biens seront intégralement transmis. À l'inverse, les filles n'héritent pas. Au contraire, les biens qu'elles emporteront avec elles lors de leur mariage[2] seront perdus pour la famille. Avoir une fille est donc avant tout une charge.

## ● TENIR LA MAISON

Dès qu'elle sait se tenir debout, la petite fille aide sa mère et apprend ainsi les tâches qu'elle devra accomplir toute sa vie. Et elles sont nombreuses ! Levée la première, la femme ranime le feu et prépare le premier repas pour la famille. À la campagne, il faut aussi donner du grain aux volailles, nourrir le bétail. La femme passe ensuite sa journée à travailler comme les hommes, dans les champs la plupart du temps, à l'atelier ou dans un commerce si la famille habite en ville. Bien entendu, il faudra aussi ranger la maison, coudre les vêtements, filer et tisser la laine, faire cuire le pain et préparer les repas…

## ● DEVENIR FEMME

L'objectif d'une fille, durant toute sa vie, est de se marier. Elle souhaite fonder une nouvelle famille,

### Les « Catherinettes » du 25 novembre

*Encore aujourd'hui, on fête sainte Catherine et les « Catherinettes » le 25 novembre. Cette coutume ancienne était très respectée au XVIIe siècle : les jeunes filles encore célibataires à vingt-cinq ans essayaient de se faire remarquer et d'attirer un éventuel mari, en « coiffant » la statue de Sainte Catherine[3], patronne des célibataires. Bien que notre société ait beaucoup évolué, on emploie encore l'expression « coiffer sainte Catherine » pour parler de jeunes filles célibataires qui ont dépassé un certain âge.*

devenant épouse, puis mère à son tour. Pourtant, en quittant sa famille, elle ne devient pas plus libre : si elle n'obéit plus à son père, elle est entièrement dépendante de son mari.

## ● ÊTRE MÈRE

Dès qu'elles sont mariées, les femmes deviennent très rapidement mères : il n'y a aucun moyen de contrôler ou de limiter les naissances. Les grossesses s'enchaînent donc, et avec elles la charge de travail dévolue aux femmes. Il faut continuer à s'occuper de la maison, de la

---

**2.** En se mariant, la jeune fille reçoit une dot, du linge et un peu de mobilier.

**3.** Elles posaient sur sa tête une coiffe qu'elles avaient fabriquée.

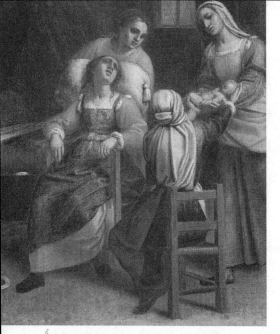

Enea Salmeggia dit il Talpino (vers 1565-1626),
Le Miracle de la naissance, *huile sur toile (XVIIᵉ siècle)*
*(Bergame, maison des Prêtres du Sacré-Cœur).*

cuisine, du travail que l'on fait en ville (à l'atelier ou à la boutique) ou à la campagne (aider aux champs, s'occuper de la basse-cour et du bétail), tout en élevant les enfants dont le nombre augmente chaque année.

La mortalité infantile est très importante, mais celle des mères également : les accouchements sont très dangereux pour les femmes qui meurent souvent pendant la naissance ou dans les jours qui suivent, à cause des mauvaises conditions d'hygiène...

# Les risques de l'accouchement

« L'accouchement d'autrefois est souvent meurtrier : à cause de l'impuissance de la médecine ou de l'impéritie[4] des matrones, on estime à 1 ou 2 % la mortalité des femmes en couches [...]. Ce risque se renouvelant à chaque grossesse, comme les femmes ont en moyenne cinq enfants, ce sont 10 % des femmes en âge de procréer qui meurent à la suite d'un accouchement. » (Marie-France Morel, *Naître en France du XVIIᵉ au XXᵉ siècle*, in *Histoire de la naissance en France*, ADSP, 2007).

**4.** Manque de capacité : les matrones (voir p. 107) ne connaissent pas correctement les processus de l'accouchement ou les règles d'hygiène et provoquent donc la mort de l'enfant ou de la mère.

# Quelle éducation les filles reçoivent-elles ?

*La différence entre filles et garçons est particulièrement marquée en ce qui concerne l'éducation. Si les garçons sont élevés pour une vie « à l'extérieur », les filles, elles, sont conditionnées pour vivre « à l'intérieur de la maison ».*

● **APPRENDRE À LIRE ET À ÉCRIRE**

Au XVIIᵉ siècle, aller à l'école n'est encore qu'un privilège réservé à peu d'enfants. Seules les familles aisées se soucient de donner à leurs enfants des rudiments de culture. Les écoles, tenues la plupart du temps par des religieux[1], accueillent surtout les garçons : on espère ainsi qu'ils seront mieux armés pour gagner leur vie.

Mais on pense encore générale-ment que les femmes n'ont pas besoin d'apprendre, puisque leur rôle est de s'occuper des affaires de la maison. On préfère donc leur apprendre à tisser et à coudre, à faire le ménage et la cuisine...

Quelques filles de la haute société accèdent pourtant à un enseigne-ment de qualité. Madame de La Fayette (voir p. 110), par exemple, reçoit une éducation très poussée qui fera d'elle une brillante intellec-tuelle.

● **L'IMPORTANCE DE LA RELIGION**

La place de la religion est très importante à l'époque de Molière, et le pouvoir des hommes d'Église encore très grand : le calendrier suit les événements religieux[2], la vie sociale en dépend. On juge donc aussi une femme dans sa capacité à transmettre les valeurs chrétiennes, à initier les enfants aux rituels reli-gieux. C'est la mère ou la sœur aînée qui apprend aux petits enfants à faire leurs prières, c'est elle qui inculque les valeurs chrétiennes et les interdits. Un enfant bien élevé est un enfant qui manifeste son respect pour les hommes d'Église et pour la religion en général.

---

**1.** Les Jésuites (membres de la Compagnie de Jésus) sont les plus réputés à l'époque.

**2.** Encore souvent aujourd'hui, les jours fériés célèbrent des fêtes religieuses.

*Gravure (XVIIᵉ siècle).*

## Le chiffre brodé

La jeune fille brode l'initiale de son nom sur chaque pièce de son trousseau. Lorsqu'elle sera fiancée, elle n'aura plus qu'à ajouter l'initiale du nom de son futur mari, en entrelaçant symboliquement les deux lettres. Les fiançailles[3] durent au moins deux ans : cela lui laisse le temps de compléter chaque pièce du trousseau !

### ● LA CONSTITUTION DU TROUSSEAU

Dès l'âge de cinq ou six ans, la petite fille aide sa mère, apprend à coudre et à broder. Elle passe ensuite de longues années à constituer patiemment son trousseau, c'est-à-dire toutes les fournitures qu'elle emportera avec elle lorsqu'elle se mariera. Et il faut du temps pour fabriquer draps de lit, torchons de cuisine, chemises et linge personnel... Chaque pièce du trousseau est brodée d'un « chiffre », c'est-à-dire de l'initiale du nom de la jeune fille.

### ● LA DOT

En plus de son trousseau, la jeune fille reçoit de ses parents, le jour de son mariage, une dot, c'est-à-dire une somme d'argent plus ou moins importante qui lui permettra d'avoir une petite autonomie financière. Mais cette dot a aussi pour fonction d'attirer les beaux partis (maris éventuels) : plus la dot est élevée, plus la jeune fille peut espérer épouser un homme riche. À l'inverse, les jeunes filles pauvres doivent se contenter de partis moins fortunés, et une femme sans dot dépendra toute sa vie de son mari.

**3.** Période précédant le mariage de personnes solennellement engagées l'une pour l'autre.

# Quel est le rôle des femmes dans la société ?

*Malgré cette apparente mise à l'écart, la plupart des femmes assument un rôle important dans la société : elles tiennent des emplois, ont des fonctions essentielles. Même si on les considère comme subalternes, car réservés au « sexe faible », les métiers typiquement féminins au XVIIe siècle sont indispensables au bon fonctionnement des villes et des campagnes.*

● **LA MATRONE**

Lorsqu'une femme est sur le point d'accoucher, on appelle la matrone[1]. Cette femme d'un certain âge est généralement expérimentée, elle a déjà assisté à de nombreux accouchements. On fait donc confiance à sa réputation. De plus, elle a été « agréée » par un prêtre qui a vérifié qu'elle connaît les prières pour baptiser les enfants, ce qui sera peut-être nécessaire en cas de naissance difficile provoquant le décès rapide du bébé.

La matrone aide la femme à accoucher, elle rassure la future mère et s'occupe du nouveau-né. Malheureusement, elle ne connaît pas les règles d'hygiène (qui ne seront découvertes qu'au XIXe siècle)

et ne peut pas faire grand-chose en cas de problème. Beaucoup de femmes et d'enfants meurent ainsi pendant ou juste après l'accouchement... Cependant, la matrone est très importante puisque, si tout se passe bien, c'est elle qui aide à « donner la vie ».

● **LA NOURRICE**

Les femmes de la cour et les bourgeoises[2] des villes ne s'occupent généralement pas de leurs enfants après la naissance. La plupart du temps, elles confient leur bébé à une nourrice qui vit à la campagne, et le reprennent deux ans plus tard, lorsqu'il est « sevré », c'est-à-dire quand il peut manger comme les grands.

---

**1.** Appelée aujourd'hui « sage-femme ».

**2.** Obligées de mener une vie mondaine, ces femmes ne peuvent pas s'occuper de leurs enfants.

Les nourrices sont très nombreuses, et leur métier consiste à nourrir les enfants au sein. Elles ont eu elles-mêmes un enfant (elles ont donc du lait), et elles en nourrissent deux ou trois à la fois, en échange d'un salaire.

## Être frères de lait

*L'expression « frère de lait » vient de cette pratique. Deux enfants nourris par la même femme boivent le même lait, comme s'ils étaient frères. On appelle encore aujourd'hui « frères de lait » deux enfants qui ne sont pas frères mais ont été élevés ensemble, même si, à notre époque, la plupart des mères nourrissent elles-mêmes leur enfant !*

### ● LA BLANCHISSEUSE

Sans eau courante ni électricité, il nous semble aujourd'hui difficile de faire la lessive. Pourtant, à l'époque de Molière, il faut bien entretenir le linge, le laver, le repasser... Les femmes se chargent de ce travail et le métier de blanchisseuse est très répandu dans les villes comme dans les campagnes.

Quelle que soit la saison, il faut savonner le linge au lavoir, le rincer dans une rivière, le faire sécher et le repasser ensuite. C'est un métier pénible (la lavandière[3] ou blanchisseuse travaille à genoux, elle a souvent les mains dans l'eau glacée), exclusivement réservé aux femmes depuis l'Antiquité, et qui ne disparaîtra qu'avec l'invention de la machine à laver, à la fin du XIXe siècle !

*Gravure (XVIIe siècle), Paris, BnF.*

**3.** Personne qui lave le linge à la main, le plus souvent dans un grand bassin à l'air libre, le lavoir.

# Quelles sont les femmes célèbres à l'époque ?

*Même si elles n'ont pas de métier, certaines femmes jouent cependant un rôle important dans la société. Elles ont une forme de pouvoir et sont célèbres : elles vivent à la cour du Roi ou animent les salons littéraires. D'autres sont connues parce qu'on les voit sur scène : ce sont les comédiennes.*

## ● LES FEMMES DE COUR ET LES FAVORITES

**Mademoiselle de La Vallière** (1644-1710) est une des plus célèbres favorites du roi Louis XIV. Pourtant, lorsqu'elle comprend que le roi lui est infidèle, elle décide de quitter la cour et d'entrer au couvent, où elle passera trente-six ans ! Sa grande douceur, son intelligence et sa dévotion[1] impressionnent tout le monde, et Bossuet, célèbre évêque et écrivain, la considère comme une sainte.

Très enjouée et pleine d'esprit, **Françoise de Montespan** (1640-1707) séduit le roi Louis XIV par sa conversation amusante[2]. Son mari, le marquis de Montespan, fait un scandale lorsqu'il apprend la liaison du roi avec sa femme. Mais le Roi-Soleil a tous les droits, et le pauvre marquis est renvoyé dans ses terres alors que sa femme reste à la cour.

**Madame de Maintenon** (1635-1719) devient la gouvernante des enfants « secrets » que le roi a eus avec la marquise de Montespan. Très affectueuse, elle s'occupe si bien de ces enfants que le roi est touché et souhaite aussi « être aimé d'elle » : il l'épouse secrètement après la mort de la reine et passe les dernières années de sa vie avec elle. En 1684, elle crée la Maison royale de Saint-Cyr, un pensionnat pour jeunes filles de la noblesse pauvre. C'est le premier établissement « moderne » consacré à l'éducation des filles.

---

**1.** Attachement à la religion qui se manifeste par une grande piété.

**2.** Elle sait raconter des histoires, et se moque des gens de cour avec humour, ce qui fait rire le Roi.

## Saint-Cyr

« On préfère se consacrer aux filles, habituellement sacrifiées. [...] Pour les enfants, des contraintes mesurées, une discipline raisonnée et donc consentie, des activités diversifiées pour la formation de l'intelligence et du cœur. Avec en plus la certitude de se savoir comprises et aimées. Au total des idées très modernes, qui font de madame de Maintenon un précurseur des grands éducateurs de la fin du XIXᵉ siècle. »

(Simone Bertière, Les Femmes du Roi-Soleil, éditions de Fallois, 1998).

Madame de Maintenon, *gravure (XVIIᵉ siècle)*, Paris, BnF.

● **LES FEMMES DE LETTRES**[3]

Lorsque sa fille se marie et s'installe dans le Midi de la France, **Madame de Sévigné** (1626-1696) est si triste qu'elle prend l'habitude de lui écrire presque tous les jours. Les *Lettres* de la marquise de Sévigné ont été publiées et sont très célèbres : grâce à elles, on sait assez exactement ce qui se passait à la Cour.

**Mademoiselle de Scudéry** (1607-1701) fait partie des personnes qui animent le salon de l'hôtel de Rambouillet[4]. Elle écrit de nombreux romans où l'on reconnaît des personnages de son époque. Elle a influencé La Fontaine et Molière, qui s'est inspiré d'elle pour créer un des personnages de sa pièce *Les Femmes savantes*.

**Madame de La Fayette** (1634-1693), grande amie de la marquise de Sévigné, a publié de nombreux romans, souvent de façon anonyme. Elle fréquente le dramaturge Racine, les écrivains Boileau et

**3.** Femmes qui se consacrent à la littérature.

**4.** Maison où se réunissent les intellectuels

La marquise de Sévigné,
*gravure (xviie siècle), Paris, BnF.*

La comtesse de Grignan,
*gravure (xviie siècle), Paris, BnF.*

La Rochefoucauld, ouvre son salon à la haute société. Son œuvre la plus célèbre est *La Princesse de Clèves*. Cette œuvre, encore étudiée de nos jours, est considérée comme le premier roman psychologique[5].

### ● LES COMÉDIENNES

**Madeleine Béjart** fonde l'Illustre Théâtre avec Molière et se charge de la gestion de la troupe. C'est aussi une excellente comédienne.

## Un long échange

*Madame de Sévigné et sa fille, madame de Grignan, ont échangé deux ou trois lettres par semaine pendant vingt-cinq ans environ. On en possède encore plus de 1 120, et environ 600 ont été publiées.*

Elle a tous les talents, et Georges de Scudéry, frère de mademoiselle de Scudéry, dit d'elle : « Elle était belle, elle était galante, elle avait beaucoup d'esprit, elle chantait bien ; elle dansait bien ; elle jouait de toute sorte d'instruments ; elle écrivait fort joliment en vers et en prose et sa conversation était fort divertissante. Elle était de plus une des meilleures actrices de son siècle. »

**Mademoiselle du Parc** rencontre Molière et sa troupe itinérante. Sa beauté et son talent fascinent non seulement le public mais aussi les concurrents de Molière. Pierre et Thomas Corneille veulent la faire entrer dans leur troupe du théâtre du Marais, Racine fait tout pour l'attirer dans celle de l'hôtel de Bourgogne.

**5.** La psychologie est l'étude des sentiments, des idées et des comportements humains.

# Petit lexique de la comédie

**Acte**  
Partie d'une pièce correspondant à un moment de l'action et se passant dans un même lieu.

**Comédie**  
Pièce de théâtre provoquant le rire du public.

**Comédie-ballet**  
Genre théâtral inventé par Molière et offrant un spectacle complet (théâtre, danse, musique et chant).

**Comédien**  
Professionnel qui joue au théâtre et incarne un personnage (au cinéma, on dit un « acteur »).

**Contrat (de mariage)**  
Document rédigé par un notaire au moment d'un mariage, indiquant par exemple la fortune de chacun des époux...

**Dénouement**  
Point final de l'intrigue (façon dont se termine l'histoire au théâtre).

**Didascalies**  
Indications scéniques données par l'auteur et guidant les comédiens (gestes, mimiques, ton employé...). Les didascalies sont généralement écrites en italique. Elles ne sont jamais prononcées par les personnages.

**Dot**  
Somme d'argent plus ou moins importante que la jeune fille reçoit de son père lors de son mariage, et qui lui permet une petite autonomie financière.

**Dramaturge**  
Auteur de pièces de théâtre.

**Exposition (scènes d')**  
Premières scènes d'une pièce de théâtre, présentant au public les différents personnages, le cadre de l'action et les éléments de l'intrigue.

**Improvisation**  
Jeu spontané d'un comédien, sans texte imposé par l'auteur.

| | |
|---|---|
| *Intrigue* | Ensemble des actions formant l'histoire racontée dans une pièce de théâtre. |
| *Monologue* | Discours qu'un personnage se fait à lui-même. Le monologue permet au public de comprendre les sentiments du personnage. |
| *Parodie* | Imitation d'une action, d'une cérémonie, d'un rituel, avec l'intention de se moquer. |
| *Réplique* | Paroles prononcées par le personnage sur la scène. |
| *Robe (de médecin)* | Au temps de Molière, les médecins sont habillés d'une robe noire, d'un grand chapeau également noir, et d'une fraise blanche (sorte de grand col plissé). |
| *Satire* | Écrit qui se moque ou ridiculise une personne, un caractère, une institution… |
| *Scène* | 1. Partie d'un acte, délimitée par l'entrée ou la sortie d'un personnage.<br>2. C'est aussi le lieu où se tiennent les comédiens pour jouer. |
| *Servante* | Domestique femme, au service d'un maître ou d'une maîtresse. |
| *Stratagème* | Moyen habile, ruse employée pour dénouer une situation difficile. |
| *Valet* | Domestique homme, employé dans une maison. |

# À lire et à voir

● **AUTRES PIÈCES COURTES DE MOLIÈRE**

*La Jalousie du barbouillé,* avant 1655

*Le Mariage forcé,* 1664

● **AUTRES PIÈCES SATIRIQUES DE MOLIÈRE
SUR LES MÉDECINS**

*Le Médecin malgré lui,* 1666
HATIER, C & CIE COLLÈGE, 2011

*Le Malade imaginaire,* 1673
HATIER, C & CIE COLLÈGE, 2011

● **AUTRES PIÈCES SATIRIQUES DE MOLIÈRE
SUR LA FAMILLE OU LES MŒURS**

*L'Avare,* 1668
HATIER, C & CIE COLLÈGE, 2011

*Les Fourberies de Scapin,* 1671
HATIER, C & CIE COLLÈGE, 2011

## ● POUR MIEUX CONNAÎTRE LE THÉÂTRE, MOLIÈRE ET SON ÉPOQUE

Sylvie Dodeller
*Molière*
L'ÉCOLE DES LOISIRS, COLL. « MÉDIUM DOCUMENTS », 2011

> Tout sur Molière, sa vie et ses expériences de directeur de troupe, de metteur en scène, de comédien et surtout d'auteur.

Marie-Christine Helgerson
*Louison et Monsieur Molière*
FLAMMARION, COLL. « CASTOR POCHE », 2000

> Louison n'a que dix ans lorsque Molière la choisit pour jouer dans sa dernière pièce. Elle va ainsi pouvoir réaliser son rêve : être comédienne !

Jean-Côme Noguès
*L'homme qui a séduit le Soleil*
POCKET JEUNESSE, 2008

> À travers les yeux d'un petit garçon, le lecteur découvre l'ambiance de l'époque de Molière, côtoie Louis XIV et Fouquet...

Magali Wiéner
*Le théâtre à travers les âges*
FLAMMARION, COLL. « CASTOR DOC », 2003

> L'histoire du théâtre en France et en Europe, de l'Antiquité à nos jours.

La boutique de la Comédie-Française,
2, rue Richelieu ou 99, rue de Rivoli, 75001 Paris

> Beaucoup de livres, mais aussi des jeux de cartes, des puzzles, pour mieux connaître le théâtre et Molière, et apprendre en s'amusant.

## ● DES FILMS À VOIR ET À REVOIR

*Molière*

Film d'Ariane Mnouchkine, avec Philippe Caubère
dans le rôle-titre, 1978

*Molière*
Film de Laurent Tirard, avec Romain Duris, Fabrice Luchini,
Édouard Baer et Ludivine Sagnier, 2007

*L'Avare*
Film de Jean Girault et Louis de Funès, avec Louis de Funès, 1980

*Les Fourberies de Scapin*
Film de Roger Coggio, avec Michel Galabru, Jean-Pierre Darras
et Fanny Cottençon, 1981

*Le Malade imaginaire*
Film de Christian de Chalonges, avec Christian Clavier
et Marie-Anne Chazel, 2008

*Le Bourgeois gentilhomme*
Film de Christian de Chalonges, avec Christian Clavier
et Michèle Bernier, 2009

## ● SITE INTERNET

Un site internet très complet : www.toutmolière.net

# Table des illustrations

**Principe de maquette :** Marie-Astrid Bailly-Maître & Sterenn Heudiard
**Mise en pages :** Facompo
**Suivi éditorial** : Raphaële Patout assistée de Julie Trenque
**Illustrations intérieures** : François San Millan
**Iconographie :** Hatier Illustration

Achevé d'imprimer par Grafica Veneta à Trebaseleghe - Italie
Dépôt légal 96283-7/03 - Avril 2015